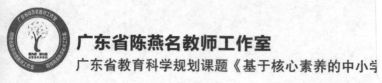

广东省陈燕名教师工作室
广东省教育科学规划课题《基于核心素养的中小学

让情怀落地
让美好发生

中小学班级合唱教学

陈 燕 / 著

中国出版集团　现代出版社

图书在版编目(CIP)数据

让情怀落地 让美好发生：中小学班级合唱教学 /
陈燕著. — 北京：现代出版社，2021.6
ISBN 978-7-5143-9325-5

Ⅰ.①让… Ⅱ.①陈… Ⅲ.①合唱—歌唱法—教学研
究—中小学 Ⅳ.①G633.951.2

中国版本图书馆CIP数据核字（2021）第133563号

让情怀落地 让美好发生：中小学班级合唱教学

作　　者　陈　燕
责任编辑　袁　涛
出版发行　现代出版社
地　　址　北京市安定门外安华里504号
邮政编码　100011
电　　话　010-64267325　64245264
网　　址　www.1980xd.com
电子邮箱　xiandai@cnpitc.com.cn
印　　制　北京政采印刷服务有限公司
开　　本　710mm×1000mm　1/16
印　　张　12
字　　数　192千字
版　　次　2021年6月第1版　　2021年6月第1次印刷
书　　号　ISBN 978-7-5143-9325-5
定　　价　45.00元

前 言
FOREWORD

我国自古以来就注重音乐的教化功能,如孔子的"移风易俗,莫善于乐"就是对音乐的教育功能最精辟的阐述。而合唱是一门综合性的音乐艺术,同时也是展现音乐艺术魅力的重要表现形式之一。纵观全球,我们发现,发达国家都很重视合唱教学。我国也采取了一系列措施,旨在提高合唱教学的地位。《义务教育音乐课程标准(2011年版)》不仅将音乐课的内容更加细化,而且将合唱教学纳入教学内容,这说明人们已逐渐意识到合唱对整个音乐课程的重要性以及对青少年的心理成长、团队合作所起到的不可替代作用。

《让情怀落地 让美好发生:中小学班级合唱教学》是一本较为全面、有条理、有重点的合唱理论著作。全书从多维视角入手,先是对合唱的基本概念进行论述,然后对班级合唱艺术课程的开发与实践、合唱的技能训练、合唱指挥艺术、合唱的教学与排练进行了较为系统的理论阐述和有序梳理,并对班级合唱评价相关内容进行了分析,结合容桂小学"多元和韵,优势励人"的课程案例,探讨了班级合唱在培养学生音乐核心素养,传承中国传统文化中发挥的育人优势。本书对于音乐学习者与研究者具有很好的指导作用。

本书在撰写过程中涉及的研究内容广泛,借鉴了相关资料及研究成果,因而具有较强的综合性和应用性。在此,对相关作者表达诚挚的感谢!编者水平有限,时间仓促,书中不妥之处在所难免,敬请读者批评指正,以便今后进一步修改,使之日臻完善。

作 者
2021年6月

目 录
CONTENTS

第四章 班级合唱指挥艺术

第五章 班级合唱的教学与排练

第一章

人声的类别及合唱声部的构成

第一节　合唱的概念及溯源

一、合唱的概念及特点

（一）合唱的概念

音乐在时代的更迭中所衍生出的表演形式也在不断丰富和发展。合唱就是其中一种极具特色的表演形式。基于不同的角度，人们对于合唱的概念有着不同的理解。作为一种演唱艺术，合唱是两组以上的歌者相互配合，共同完成歌曲的演绎，是一种共同演唱的形式，一般配合恰当，故而不涉及声部问题。这是对合唱概念的一种广义理解，而狭义的合唱是指一种包含多声部、多层次的演唱形式，通过对演唱技巧和表现手段的处理，达到演唱的艺术效果。

合唱的类型是多样的，不同的划分方法产生了不同的合唱类型。例如，按声部划分，主要有二声部合唱、三声部合唱、四声部合唱等；按照演唱者人声性质的不同，可分为同声合唱与混声合唱，而同声合唱又包括多种类型，如男声合唱、女声合唱和童声合唱；还可以根据伴奏与否，将合唱划分为有伴奏合唱和无伴奏合唱。无论哪种划分方法，合唱作为一门演唱艺术，更多的是突出集体，所以它是群体艺术的结晶，是一个有机组合的和谐整体。

（二）合唱的特点

每一种歌唱形式都有其自身的特点，合唱表演重在"合"上，对人声的要求更高。合唱通过对声音的起伏变化、抑扬顿挫以及音质、音准的把握，引起听众情感的共鸣。

1. 音域宽广

人的音域一般可达到两个多八度，而合唱的音域是所有参与者音域的综合，从男低声部的最低音到女高声部的最高音可达到三个半至四个八度。

2. 音色丰富

单个演唱者或是男低音或是女高音，其所展现出的音色只能是低音或高音，而合唱表演则能够展现丰富的音色，除了高音、中音、低音外，还有男声、女声、童声、混声等。

3. 力度变化大

人声的音量是有限的，而作为多人参与的合唱，其声音所表现出的力度则能够随着人数的变化而变化，从最弱的ppp到最强的f，都是合唱所能够胜任的力度变化范围，任何个人都是不能与之媲美的。

4. 音响层次多

合唱是多声部的音乐表演，不同的和弦、不同的和弦转位、不同的声部组合、不同的力度级别、不同的音色变化等，都会产生不同的音响效果和层次。

5. 表现力强

音乐传递的是人的思想与情感。任何一部音乐作品，不论是主调音乐还是复调音乐，不论任何历史时期，不论任何情绪、风格，都可以通过合唱的形式完美演绎。

二、合唱艺术的起源及发展

（一）西方合唱溯源

据史料推测，合唱最早起源于中世纪的欧洲。中世纪以前，西方盛行的主要是基督教音乐，但因存留的有价值的史料有限，故而将中世纪作为研究西方音乐的起点。

中世纪是一个模糊的时间段，一般是指公元5世纪至14世纪。这一时期，欧洲封建社会由于长期受基督教音乐的影响，教堂内产生了唱诵经文，即圣咏（chant）。战乱不断，罗马教皇软弱无力，最终使教会的礼拜仪式和圣咏音乐各自发展。为统一教会音乐，罗马教皇格列高利一世将各地教会的教仪歌曲、赞美歌等进行汇编，整理形成对唱歌集，这一歌集又被称为"格列高利圣咏"。其特点主要体现为：虽为歌曲，但其创作是为宣传宗教礼仪服务，而非为人欣赏，因而不够重视听觉上的美感。随后，格列高利圣咏得到迅速传播。到了公元7世纪，一种新的声部伴奏被加在格列高利圣咏上，引起了教会中一些僧侣音乐家的关注，并且他们进行了一些试验。基于这一背景，便出现了复调音乐。其中，在格列高利圣咏的下方加平行四度或五度的声部变化所形成的带有复调性质的音乐被称为"奥尔加农"（organum），在此基础上又衍生出不同形式的奥尔加农，如平行奥尔加农、斜向奥尔加农等。这些不同形式的奥尔加农被称为公元9世纪至11世纪欧洲最主要的合唱形式，其特点是追求协和，以四度、五度、八度音程为主。协和，即两个不同来源的音有比例地融为一体。

之后，约在公元11世纪末，一种与圣咏反向旋律的加入，推动了复音音乐的又一种形式，即"笛斯康都"的产生，也有人称其为反行调。这一音乐形式与奥尔加农相比，节奏更加规整，节奏对位更加严格，不仅允许声部交错，而且允许三度、六度音程，属于音对音的复调形式。

到了公元12世纪末，一种新的合唱形式开始流行，它既符合单声歌曲的形式，也满足复调歌曲的要求。其特点在于不再依赖圣咏，主旋律来自作曲家的自由创作，声部上摒弃了圣咏模式一贯使用的多声部，出现了二度、七度等不协和音程，三度成为重要音程，各声部节奏相似，因而节拍也更加规范。歌词内容十分广泛，趋于世俗化。

随后，经文歌逐渐盛行，以巴黎为中心，辐射周边各地区，成为13世纪一种重要的复调体裁。经文歌的产生与笛斯康都有着一脉相承的联系，中间起着重要转承关系作用的莫过于克劳苏拉。经文歌就是在克劳苏拉这一形式的上方声部增加歌词（"克劳苏拉"原意是礼拜音乐中的一个片段）。歌词从拉丁文转为本地语言，内容的世俗化倾向日益凸显。

到了14世纪，世俗化的合唱音乐得到进一步发展，主要体裁包括弥撒、猎歌、牧歌、巴拉塔等。弥撒曲主要是从宗教礼拜活动中较为固定的弥撒仪式中发展而来，形成的一种独立的音乐体裁。猎歌源于法国和意大利，以表现狩猎和生活场景为主，音乐形式最初是两条旋律，以同声卡农的形式出现。牧歌所展现的是骑士与村姑的爱情故事、寓言或是对大自然的向往，一般是由本民族语言构成的。音乐形式上以两声部为主，上方声部华彩、突出。巴拉塔是14世纪意大利世俗复调音乐的一种，有两声部和三声部。

进入文艺复兴时期，文艺复兴的思潮在音乐领域也产生了极大的影响。这一时期的合唱形式更为丰富。三度、六度音程得到充分运用，八度被禁用，而二度、七度要依赖三度、六度、五度、八度音程才能得以实现。这为多声部音乐的出现奠定了基础。这一时期的合唱作品以作曲家的流派为代表，其中较具影响力的有英国音乐的代表人物邓斯特布尔（John Dunstable），勃艮第乐派的代表人物迪费（Guillaume Dufay）和班舒瓦（Gilles Binchois）等。

他们虽然代表不同的音乐流派，但是他们有着一个较为明显的共同点，即同为宗教音乐家。因而，他们所创造的音乐作品大部分带有宗教色彩，同时也创造了一部分世俗性质的音乐作品。所以，宗教合唱与世俗合唱并举成为这一时期音乐发展的特色。而在合唱音乐体裁上，也较之前有很大的不同，表现为体裁的丰富性，以法国的尚松为代表。除此之外，还有德国的利德、英国的康索尔特歌和西班牙的维良西科。

从巴洛克时期开始，西方合唱音乐进入相对成熟的阶段。更多的音乐体裁在这一时期出现，如清唱剧、康塔塔、受难乐等。清唱剧是一种大型声乐套曲，重在表现重大历史或现实题材。早期的清唱剧有两种类型：一种是以圣经为题材的教会音乐，以拉丁文传唱；另一种取材没有特定的限制，以意大利文传唱，又被称为"通俗清唱剧"。合唱在歌剧中的运用更加丰富了合唱自身的表现力。

到了古典主义和浪漫主义时期，西方音乐得到了空前发展，尤其是乐器的发展给声乐增加了更多的魅力色彩。虽然这一时期，乐器的发展和器乐作品的创作有了超越声乐的趋势，但合唱的地位并没有动摇。相反，器乐的发展为合唱提供了新的表现形式，如交响乐的发展增添了合唱的艺术效果。为此，大批作曲家开始尝试将交响乐融于合唱，以达到增强作品表现力的效果。综观这一时期，歌剧的发展达到鼎盛，伴随歌剧发展的合唱艺术自然也取得了较大的成就。合唱的戏剧性功能被加强。除了歌剧，安魂曲也是这个时期合唱音乐的主要体裁。具有代表性的作曲家有莫扎特（Wolfgang Amadeus Mozart）和威尔第（Giuseppe Verdi），他们分别创造了闻名于世的安魂曲。

现代主义和后现代主义的发展对20世纪之后的西方音乐产生了很大影响，包括合唱这一音乐形式。无论是音乐的创作风格还是表现形式，都表现出多元化的特点，演唱风格和形式也不再拘泥于固定模式，在组合上呈现出多变性，同时追求丰富的声音效果。

（二）我国合唱溯源

在我国，对合唱活动最早有文字记载的是汉武帝时期的"定郊祀之礼""采诗夜诵"，这是对祭礼中大型音乐行为的记载。由此可推测我国合唱历史出现在汉朝，甚至更早。但是，由于可考证的资料有限，加之古今对合唱概念的理解不同，现难以准确定论，故不多做提及。另外，我国是一个多民族国家，民族优势为音乐的发展奠定了良好的基础。在少数民族音乐中，一直都存在偶然性的多声部歌唱的音乐形式，支声复调可以算是合唱的雏形，如侗族大歌。

梳理我国合唱音乐的历史，一般将19世纪末20世纪初这一时期作为研究我国合唱音乐的重点。我国的合唱音乐受西方音乐影响较大，主要歌唱形式从西方引入，在形成与发展过程中受基督教合唱、新式军歌，特别是学堂乐歌以及早期音乐教育的推动和影响，由最初的群众性的集体歌咏发展到现在多声部的合唱，经历了一个多世纪的漫长岁月。我国合唱音乐起步晚，落后于西方，但在百余年的发展历史中，通过不同时代音乐人的心血与努力，才取得了较为成熟的成就。

19世纪末20世纪初，对于我国而言是特殊时期，社会正处于变革之中，资本主义的萌芽对我国产生了深刻影响，无论是社会领域还是文化艺术领域，都发生了变化。从教育上来看，西方传教士开办了一批教会学堂，加之改良派创办的新式学堂，在一定程度上推动了教育的发展。受西方思潮的影响，这些学堂率先开设了音乐课，史称"学堂乐歌"。这一举措为我国音乐的发展奠定了基础，开创了我国近现代音乐教育的先河。学堂乐歌以齐唱为主，所以当时的音乐家所创作的适合学堂的音乐作品，其形式大多也是齐唱的方式，这也成为我国合唱音乐的雏形，为之后的多声部合唱音乐奠定了基础。这一时期的代表作品要数著名作曲家李叔同所创造的《春游》，这是李叔同为中小学音乐课堂所创作的校园歌曲。这首合唱曲有三个声部，歌词属旧体诗，曲调优美流畅，文辞生动。

随着五四运动的兴起，新文化、新思想对各领域产生了冲击，音乐领域尤甚。这是因为在新文化的推动下，以及当时各大音乐院校如上海国立音乐学院、北京大学附设音乐传习所的建立，我国开始了专业的音乐教育，专业音乐教育的发展，为合唱音乐的创作及表演提供了更为广阔的空间。在这一背景下，诞生了两部最具代表性的合唱作品，萧友梅的女声合唱《别校辞》和赵元任的《海韵》。这两部作品无论是在创作上还是在表演形式上都别具特色。从创作上来看，它们都受到了西方宗教合唱音乐的影响，与此同时，又着力展现民族风格。从表演形式上来看，这两部作品形式富于变化，规模也较为庞大。

在这之后，日本对华侵略战争爆发，造成我国社会动荡不安。基于特殊的历史背景，这一时期的音乐所表现的都是抗日救国的爱国主义特色，合唱音乐也呈现明显的时代性。以抗日救国为主要合唱题材，代表作品有冼星海的《救国军歌》《到敌人后方去》，黄自的《旗正飘飘》《抗敌歌》，贺绿汀的《游击队歌》等。抗日救亡运动推动了大型爱国合唱运动的发展，催生了大量的合唱音乐作品，如冼星海的《黄河大合唱》、郑律成的《八路军大合唱》等，这些作品紧扣时代，展现了人民群众誓死保家卫国的爱国情怀，激发了广大人民群众的民族精神，富有强烈的爱国主义特色。

这一时期，还有一类作品在音乐领域占据着举足轻重的地位，以黄自的《长恨歌》为代表。这是中国第一部清唱剧，在创作手法上，借鉴了西方的歌剧和清唱剧，使用了具有民族特色的复调手法；在内容上，借古喻今，讽刺当时统治阶级不作为引起民族灾难的事实。

中华人民共和国的成立，对于我国来说，是一个崭新的开始。稳定的政局为社会文化的发展创造了良好的条件，音乐事业也得到了蓬勃发展：一方面，丰富了人民群众的精神文化生活；另一方面，推动了合唱音乐的普及。由此形成了一些专业的合唱团队，在指导音乐创作和表演方面发挥了重要的作用，有助于促进合唱表演水平的不断提升，进而推动合唱事业的日趋繁荣。

这一时期的音乐题材百花齐放，各式各样。有革命题材的作品，如瞿希贤的《红军根据地大合唱》等，歌颂英勇无畏的革命精神；有现实题材的，反映人民的新生活及国家建设，如刘炽的《祖国颂》、郑律成的《幸福的农庄》等，讴歌新中国带给人民群众的幸福生活；也有反映民族风俗题材的，如麦丁的《远方的客人请你留下来》、土方亮的《三十里铺》等，这类题材的作品改编自少数民族及地方性的音乐音调，极力展现民族异域风情及中华民族团结友爱的精神；还有以古曲为素材进行创作的，如土震亚的《阳关三叠》等。尽管这一时期的合唱作品呈现的题材多样化，但从整体风格上来说，既吸收了前一阶段合唱创作的经验，同时也受到外来音乐作品的深远影响，尤其是苏联，在表演形式上追求气势宏大，交响性更为突出。合唱音乐逐渐走向成熟。

进入成熟阶段以来，合唱艺术受到越来越多的关注，更多的人加入合唱团队，合唱团体也在逐渐增多，合唱已融入人民的生活，成为人民生活中的一部分。与此同时，我国也发展了多项专业合唱赛事，促进了合唱演出朝着专业化方向发展。此外，随着国际交流的加深，与其他国家的文化交流也日益增多，我国的合唱团体开始走出国门，参加世界性的比赛或合唱节，取得了令人瞩目的成就。一方面，让我国的合唱事业展现在世界面前，与世界接轨；另一方面，便于我国借鉴国外合唱经验，提升本国水平，为跻身世界合唱强国之林奠定基础。

这一时期，合唱音乐达到了空前鼎盛，成就了大量优秀的合唱作品。有的反映少数民族人民生活，如田丰的《云南风情》；也有的反映改革开放城市生活，如李遇秋的《城市之声》；还有的反思近现代民族历史，如金湘的交响大合唱《金陵祭》等。处于这一时期，作曲家接受了新时代的洗礼，因而在创作中摒弃了传统的创作技法，内容上也不再拘泥于固定的创作题材，而是从更广阔的空间寻求创作灵感，极力展现多样化的创作题材及表现手法。作曲家的思维更加开放，艺术构思更为自由。他们在创作手法上追求创新，在借鉴西方现代作曲技法的基础上凸显民族元素，将民族化特征作为创作的一大特色，将我国合唱音乐推向具有中国特色的民族合唱创作之路。

三、合唱演唱思维

思维是人类所特有的能力，是人脑通过对客观事物或现象进行分析、判断等来反映客观现实的一种能动过程。思维与语言密不可分，语言是思维的工具。合唱演唱思维首先属于艺术思维，是人们在演唱过程中大脑的思维过程。其主要反映演唱者的演唱技巧、对作品的理解能力以及对节奏、音准、音色等的控制过程，除此之外，还包括演唱过程中的心理状态等。

（一）合唱演唱的多声立体思维

立体思维，又称"多元思维""整体思维"，是采用空间思维的方式，对认识对象进行多方位、多角度、多渠道、多手段的考察、探索，力图真实地反映事物的整体及其同周围事物全面关系的思维形式。由于合唱作品涉及多声部，一部完整的合唱作品至少由两个声部组合而成，因此对于合唱来说，其本身就具备了运用立体思维的条件。合唱演唱思维在合唱演唱中的运用，能够协调多个声部，使之相互配合，进而使合唱音乐具有立体感。这种体现在合唱中的思维，也可以称为多声立体思维。现如今，多声立体思维已成为参与合唱的所有成员必须具备的一种思维。

在合唱表演中，每一个成员所演唱的声部共同构成了合唱音乐的整体。不同的声部要求有与之相应的人声相配合，从而形成声音的分层。这就对合唱参与者的素质提出了更高的要求，要求演唱者必须具备基本的和声知识，熟悉所演唱作品的旋律，在演唱时能够找准声部对应的位置。同时需要聆听其他声部的旋律，使各声部之间配合恰当，能够分辨不和谐音效并适时做出调整。只有这样，才能更好地表现合唱的立体感。

如果将不同的声部和合唱成员按照一定的关系组织起来，不同的组织形式将会对所得到的音效产生重要影响。受多声立体思维的影响，合唱音响效果在时间、空间上都会给人以不同程度的冲击，形成吸引审美主体的合唱音乐。

合唱音乐随其层次的增加，声部结构的排列变得复杂，不仅增加了合唱音乐的厚度、韧性，也使得合唱中立体思维趋于复杂，音程、复调、和弦、和声等一些多声部音乐的演唱技法也随之产生。最终，无限扩大了合唱音乐的空间，使合唱音乐的艺术表现力愈加丰富。合唱中音与音之间的纵向叠置所产生的不同音效是多声部、多空间、多时间的，这是合唱中立体思维的表现。

（二）合唱演唱的求同思维

思维形式是多样化的，任何一种活动的开展，都是多种思维活动共同作用的结果，对于合唱来说，求同思维也应该是该项活动需要具备的一种思维。所谓求同思维，也被称为"聚合思维""辐合思维"，是一种有方向、有范围、有条理的收敛性思维方式。合唱中的求同思维是将与演唱相关的因素集中起来，形成完整的演唱思维体系或程序，最大限度地为合唱服务。

对于合唱演唱而言，合唱是一个群体性活动，每个成员都是独立的个体，只有个体服务于整体，才能保证整体效果的最大限度发挥。因而，组成合唱团体的所有成员，其情感的表达要以集体的效果为中心，需要保证声部之间的融洽、协调及统一。除此之外，声部内部，成员在音色、音高、节奏等方面也要协调统一。只有这样，才能保证整体音效的统一，也才能保证合唱演唱朝着既定的方向发展。

一部完整的合唱作品有内容、有情节、有节奏、有旋律，在演唱过程中，只有在统一的、集体性的目标指引下，才能保证合唱演唱的效果。这就要求合唱演唱参与者具备一定的求同思维，在这一思维模式的影响下，自觉主动地向着合唱主题靠拢，将合唱音乐推向高潮。合唱演唱虽是一项多人参与的群体性活动，但其追求的不是个性的张扬，而是群体的统一，因而要想达到理想的艺术效果，难度较大。在乐曲的处理时，要求合唱团体中的成员步调一致，无论是在音乐风格上还是在音乐发展过程中，都要突出和谐，切忌标新立异，应视合唱团体为"一件乐器"。

任何一个合唱团体与音乐作品之间都是相互独立的，但要达到最理想的演绎效果，需要深刻理解音乐作品的内容、情节发展以及情感。从这一角度来说，合唱团体与作品之间又是统一的。而不同的合唱团体，处理音乐的方式是有差异的，但是对同一作品的演唱，对于作品的把握又是有章可循的，即在基本框架上求同。任何一部音乐作品，其基本的曲式结构、和声、情节发展是固定的，不同的合唱团体需要重点把握音乐风格。因为求同与存异是相互依存、互为补充的关系，因而，合唱团体需要在求同的基础上，加上自身特色、声部人员的配置等。这样才能达到合唱中的"求同存异"。

在合唱演唱中，每个成员在了解基本的音乐风格、主题内容之后，就需要明确自身定位，了解自己在团队中的职责，做到分工明确，同时与其他成员配合默契、协调声部、保持一致，为合唱作品的完美演绎共同努力。值得注意的是，作为合唱团体中的成员，还需要分清作品的基本要求与团体所添加的自我风格，准确把握作品的内容，完整地将作曲家所要表达的情感传递给听众。在二次创作时，需要将自己对音乐作品的理解，与作曲家所要表现的思想融为一体，在音乐作品的深度创作中，要深入挖掘作曲家的思想，从内容和情节上探寻与原作的契合点。

（三）合唱演唱的整体思维

整体思维与立体思维有着相似之处，都是从整体出发，着眼全局。强调把客观对象的混沌抽象的整体加以系统分析和系统综合，并使之具体化。合唱演唱的整体思维就是立足于合唱活动，考虑与合唱相关的各方面因素，如合唱团体成员、合唱音乐作品、舞台状况、音响效果等，尤其要求演唱主体从合唱作品的各个要素出发，全面分析作品内容，将作品所包含的内容传递给听众。合唱的整体思维主要有以下两层含义。

1. 整体技术的要求

鉴于合唱至少由两名演唱者共同完成，属于群体性的娱乐活动，而不同成员之间存在能力水平差异，所以，演唱团队中任一成员的演唱技术都会影响合唱的整体效果。合唱强调整体性，合唱团体成员的演唱技术水平决定了合唱的整体性技术水平。这就要求各个成员提高自身演唱技术水平，以达到合唱整体技术水平的要求。作为团体中的一员，每个演唱者不仅要具备基本的歌唱能力，而且要具备集体意识，通过调整歌唱状态及歌唱方法，使声音融入整个团体之中，使之符合群体表演的整体要求——和谐融洽。不仅如此，还要强调群体配合的技术，要求整体化、均衡化、统一化。

好的合唱团队应从成员的选择上严格把关，整体考查演唱人员的综合素质，除了考查其基本的演唱水平、艺术表现能力外，还必须从合唱整体性出发，将符合合唱团体需要纳入考查范围，使团体中的每一个成员发挥价值，做到人尽其才，各有所用。

合唱的整体音效取决于合唱团体中的每个成员，他们之间的关系是整体与部分的关系，二者紧密相连。对于合唱技术来说，只有构成整体的各个成员的演唱技术提升了，合唱整体技术才能提升。虽然对合唱整体技术的要求与对每个成员的技术要求并不相同，但并不意味着提升个体技术对整体毫无意义。相反，无论是合唱中的个体还是合唱整体，他们的最终目的都是一样的，旨在给听众展现和谐的音乐盛宴。而这首先就需要形成一个和谐统一、技术高超的音乐团体。合唱团体所呈现的是"一件乐器"，而非多音色的堆积。因而，对于合唱技术来说，其也应是一个整体的技术。

2. 整体音效的把握

影响合唱整体效果的因素是多方面的，不仅需要演唱者之间的相互配合，还需要保证不同声部间的和谐一致，更需要演唱群体与指挥默契配合。合唱团队就是一个集体，身处集体中的个人，对于整体的水平有着最为直接的影响，有着牵一发而动全身的作用。这就要求团队中的每一个成员必须拥有足够的音乐素质、歌唱能力。不仅如此，团队中的每一个成员还应该具备整体思维，明确自身对于合唱效果的影响，在演唱中尽可能完美地担当己任，为达到和提升合唱的整体效果贡献需要的音效。

合唱团体人数不等，要达到好的合唱效果，团队中的每一个成员都应该自觉地以整体的合唱音效为中心，发挥各自才能。除此之外，配合合唱的其他各方面的技术准备、音乐处理方式也都要围绕这一中心发挥作用。

　　因为合唱是多声部的演唱活动，在平时的合唱训练中，我们经常会发现这样一种情况，即训练者过于注重局部的影响，只追求片段的完美，这就导致他们偏执于纠正个别声部或是个别成员，对于合唱音乐作品的整体效果却视而不见，这样就会阻碍合唱音乐的整体表现。这就需要合作主体确立整体思维，在此基础上实现对合唱整体音效科学合理地把握。只有这样，才能被审美主体所接受。

第二节　中小学生嗓音特点

一、人声变化的基本规律

每一个人从出生到衰老，声音不是一成不变的，不同年龄段的嗓音各具特色。对于正常的婴儿来说，从呱呱坠地的那一刻起，就能够发出洪亮、清脆的啼哭声。到了耄耋之年，人的嗓音就会变得苍老且颤颤巍巍。细数人的一生，从出生到衰老，人声的变化相当大。经过学者的观察与研究，通常，人声的变化大致可分为以下几个阶段。

第一个阶段，婴幼儿期，年龄范围为1～3岁。这一时期，婴幼儿嗓音的主要特点是稚嫩、纤细。因为婴幼儿的声带及发声器官不成熟，尚处于发育阶段，声带短，喉腔较窄，因而所发出的声音细薄、柔弱。

第二个阶段，童声期，又分为三个阶段，即童声初期、童声中期与童声后期。通常将4～6岁划为童声初期，7～9岁划为童声中期，9～12岁（男孩子可以到14岁）划为童声后期。

首先，童声初期儿童声带发育较快，声音单薄、娇嫩，气息短浅，造成音量小、音域狭窄（五至八度）、控制力差。这一年龄段的儿童能够唱出简单的歌曲，一般节奏简单、歌曲内容短小，可以对这一阶段的儿童进行小的合唱练习，通常以三五人或是不超过20人为主，组成中小型的儿童歌唱小组。

其次，童声中期儿童声带发育进入相对稳定期，声音清脆明亮，气息的控制能力增强，音量也有所增大，音域为十度左右，是开始进行歌唱技巧训练比较适宜的时期。此阶段歌唱时应以齐唱为主，可适当加入少量的二声部歌唱内容，宜组成40人以下的童声合唱队。

最后，童声后期儿童的身体发育快，声带趋于成熟，肺活量加大，有一定的声音和气息控制能力，声音结实有力，音域达到十至十二度，甚至可以向高、低两头适当扩展。经过严格训练，掌握了科学用声方法的儿童可以唱出两个八度的声音。

童声后期的儿童可以演唱难度较大、演唱技巧要求较高的多声部合唱歌曲。可采用男女声混合的形式组成小型（20余人）和中型（80人以下）童声合唱队，演唱以二声部、三声部为主的童声合唱歌曲。

第三个阶段，变声期，处在这一时期的男女生年龄段的划分有区别。一般来说，女孩在变声期的年龄段为12～15岁，男孩为15～17岁，而以男生嗓音的变化最为明显。处于这一阶段的男孩，身体发育迅速，声带有较大幅度的增大、变厚，嗓音不同程度地变粗、变低、沙哑；而女生的嗓音则变得尖细。由于变声期儿童的声带非常脆弱，故而不适合集体进行歌唱训练。

变声期是一个特殊的阶段，儿童步入中学阶段，而音乐是中学阶段不可或缺的一门学科，作为音乐教师，不仅要具备专业的音乐理论知识，更重要的是要掌握学生的嗓音特点，慎重地开展多声部合唱教学。根据学生嗓音特点，在开展声乐教学中需要做到因材施教，可以根据学生的年龄与声音特点，以合唱队的形式开展音乐教学。合唱队成员的组成，可以参考以下标准：一是根据这一时期女生嗓音的特点，将各年级中的女生和少数尚未变声的男生组织起来，人数一般不超过40人，演唱时的音域也应尽量控制在十至十二度或再窄一些；二是高中阶段可由女高音、女低音及已经变声的男声组成三声部的混声合唱队。

第四个阶段，青年时期，这一阶段的年龄段为17～30岁，从少年儿童过渡到青年，人的声带发育较为成熟，声音日渐稳定，并形成自身的嗓音特色。但这并不意味着人的嗓音处于静止状态。由于内外因素的影响，在这一时期，人的声音的可塑性很大，不注意保护，会使原本较好的嗓音质量受到损害。因此需要做到科学的嗓音保护，切忌嗓音的过度消耗。

第五个阶段，成熟时期，这一阶段以30～45岁为主，这一时期的嗓音特点与前一阶段相差不大，基本延续了前一阶段嗓音的特点。对于唱歌来说，经过科学系统训练的歌唱者，在30岁以后嗓音进入鼎盛时期。很多著名歌唱家在35～40岁就形成自己独特的歌唱风格，加之常年练嗓，并掌握了科学的歌唱方法，即使到了老年，其歌唱及嗓音光彩依旧。相反，如果不注重对嗓音的科学保养，不注意坚持科学的歌唱技巧，在乐坛大都不会长久。

第六个阶段，老年变声期，这一阶段从50岁左右开始。随着年龄的增长，人的各种器官开始衰退，发声器官也不例外。声带组织开始退化，声带松弛，气息控制能力下降，影响声门的准确与完全闭合，造成声音含糊及颤巍，戏曲界将这一现象称为"塌中"。年轻时训练有素者，这一现象可推迟。

二、中小学生嗓音的特点与嗓音保护

（一）童声期

童声期的音质明亮、清脆，这一时期，儿童的年龄大多不超过15岁（根据各人身体发育的情况来定）。因为男女儿童的音色区别不大，都近似女高音，所以不分男女声部。童声声部比男声声部的音域要高八度，音域一般是C（6）或1~2或（3），也有少数的儿童还要宽一点。有的儿童在接近变声期以前，音域稍有偏高或偏低的现象。

这一时期，儿童的声带正处于发育阶段，如同身体的其他器官一样，需要小心翼翼地保护，否则极容易受到损伤。在进行音乐训练的时候，要时刻关注儿童的嗓音特点及变化，不可过分强调音域广度。尽量将训练强度控制在儿童能够接受的范围，且每次的演唱时间不要过长，要给学生的嗓子休息的机会。

此外，要引导学生用嗓适度，切不可超出学生嗓音的强度，更不能让学生做音高和音量上的竞赛。高强度的音量不仅影响学生的听辨能力，还会损伤学生的嗓音，同时也影响歌唱效果的表达与传递。

（二）变声期

随着年龄的增长，儿童身体的各个器官不断发育成熟，尤其是进入青春期后，出现第二性征。此时，青少年儿童，尤其是男生，出现声音的变化为主要表现之一。因而，这一时期又称"变声期"。变声期包括三个阶段。

1. 变声前期

变声前期的声音和童声晚期的声音相似，不易分辨。教师和家长要密切注意孩子的嗓音变化情况，对他们进行变声期知识的教育，使他们做好变声期的心理准备。据喉镜观察，变声前期女孩子声带的平均长度为10~12厘米，男孩子声带的平均长度为11~13厘米。

2. 变声中期

在第二性征发育的影响下，声带迅速变长、增大。男孩子的声带可达16～20厘米。女孩子的声带长度也在12～16厘米。由于声带的急剧变化，儿童出现了声音沙哑，声音变低、变粗，音色发暗，发音困难等现象。声带检查时可见到声带闭合不严，声带水肿和声带弥漫性充血等现象。观察第二性征时，可发现女孩子出现了不规则的月经，男孩子开始长出胡须。因生理上的变化而带来的一系列心理变化也应当引起家长和教师的关注。在变声中期这个声带急剧变化阶段，一定要认真保护好儿童的嗓子，要教育儿童不要喊叫，更不要喊唱。一般情况下，男孩子的变声中期要持续一到两年，女孩子要持续三个月至半年。

3. 变声后期

变声后期是声带急剧拉长、增大之后进一步增厚并逐步恢复弹性的稳定成熟阶段。在这个时期内，声带拉长的速度逐渐减慢，声带纤维的弹性逐渐恢复。男子声带的稳定成熟期平均需一年半至两年，女子声带的稳定成熟期约需三个月至半年或更长一些的时间。当声带的发育最后稳定下来之后，男性声带长度为16～22厘米，女性声带长度为12～18厘米。

在这个时期，教师和家长要鼓励学生积极参加体育活动、增强体质，使发声器官正常发育，但不要让他们高声喊叫。对于学生中的文艺骨干，要关心他们嗓音的变化，减轻演唱的负担。变声期的学生在唱歌时，要适当注意音量和音高的控制。教师应公开讲解变声期的嗓音保护常识，使学生之间互相关心、互相爱护。

有人把变声期间声音出现的嘶哑情况误认为是"倒嗓"，并认为"嗓子越倒越要高声猛练，这样才能练出一副好嗓子"。这种观点是错误的，它不符合声带变声期易损的生理特点。因此，保护变声期学生的嗓子是中小学音乐教师义不容辞的责任。

三、音乐教学中如何保护儿童的嗓音

音乐在人的全面发展中发挥着举足轻重的作用。对于青少年儿童来说，音乐教育在提高其审美能力、增强其对真善美的认知、陶冶其情操等方面发挥着积极的作用。因此，教育工作者尤其是音乐教师，应该立足于青少年儿童的生理和心理特点，选择适合青少年儿童声音特点的音乐作品和歌唱形式，认真做好青少年儿童的嗓音保护工作。

随着网络文化的流行，网络歌曲充斥着中小学校园，流行歌曲、摇滚乐以及网络歌曲的泛滥，对青少年儿童产生了强大的吸引力，引得青少年儿童竞相追捧、模唱。殊不知，每一类歌曲，乃至每一首歌曲，都有其特点，它们中的一部分并不适合所有人传唱。青少年儿童如果选择了不适合自己的歌曲，不仅容易损伤声带，还会给心理造成影响。所以，教会学生对嗓音进行保护是音乐教师的一项重要职责。音乐教师可从以下几点出发。

其一，青少年儿童是国家的未来，对青少年儿童嗓音的保护，不仅需要引导教师的重视，更应该得到全社会的响应。对于教师而言，要结合青少年儿童的实际情况及其认知水平，用通俗、简单的语言传授青少年儿童正确的发音知识，使青少年儿童易于理解和掌握；以青少年儿童感兴趣的方式和形式，讲解有关变声期生理特征的知识和嗓音保护常识，让青少年儿童对于自身嗓音结构有一个较为准确的科学认识；教育他们平时在学习和生活中注意爱护嗓子，避免声嘶力竭地唱歌或叫喊；在教学中引导学生合理用嗓，给予嗓音充分的休息，并养成正确的发声习惯。

其二，在音乐教学中，要根据学生的嗓音特点，选择难易适中、符合学生特点的音乐作品或教材。不同的人在音域、音程以及音乐节奏的掌握等方面都存在差异，教师需要掌握因材施教的原则，选择青少年儿童能够驾驭的曲目，对于青少年儿童热衷的流行音乐，更要慎重选择，尽量避免成人演唱的歌曲。此外，教师还要控制音域，不可盲目扩大音域，甚至超出青少年儿童能够胜任的范围。一般而言，音域过宽、乐句跃动过大的歌曲都不适合作为青少年儿童演唱的曲目。

其三，严格遵循歌唱规律。对于歌唱而言，发声是关键，只有掌握发声技巧，才能提高演唱水平。所以，音乐教师要重视发声，强化发声训练。练声时一般采用"软起音"的发声方法。发声训练是一项持续的练习过程，切不可急功近利。此外，青少年儿童声带正处于发育阶段，极易受到损害，因此在练习时，教师要合理控制练习强度，掌握训练时间，以避免造成声带疲劳。

其四，青少年儿童是特殊群体，尤其是处于变声期的青少年儿童，声带更是脆弱，嗓音更应该得到保护。教师首先要满足这一阶段青少年儿童对音乐的渴望，在选择曲目的时候，根据青少年儿童变声期嗓音的特点，选择音域适当的曲目。一般而言，男生最好在九度以内，女生最好不超过十二度；此外，歌唱曲目忌"大跳"。在训练时，教师要引导学生调整呼吸，掌握科学的训练方法，练唱时尽可能轻声，注意休息，适当用嗓，以多听为主，以防声带疲劳和受到损伤，为以后发音歌唱打下良好的基础。

其五，加强身体锻炼和生活管理。青少年儿童学习压力较大，唱歌是缓解压力的有效途径之一。因而，青少年儿童在紧张的学习之余，更应该注重劳逸结合，合理安排作息时间，使身体达到最佳状态。这也有助于保持歌唱的良好状态。除此之外，还应该注意环境和饮食卫生。教师应教育青少年儿童唱歌选择合适的时间，考虑自身的状态，切不可在剧烈运动之后立即唱歌，而应该让身体得到平复；与此同时，还应该养成饮水的习惯，及时补充身体所需水分，以温热水为宜，尤其是在唱歌后，不宜立即喝凉水和冷饮料，否则会刺激喉咙，造成声音嘶哑。

总而言之，嗓音保护问题关乎青少年儿童的身心健康，对于儿童少年嗓音的保护，不仅仅是教师和社会的责任，作为保护的对象，青少年儿童更应该从自身做起，养成良好的习惯与保护意识，自觉将嗓音保护融入生活与学习。

第三节　合唱的类型

一、合唱艺术演唱形式分类的维度

声乐自产生以来便以其独特的魅力成为人们生产生活中不可或缺的一部分。合唱作为声乐艺术形式的一种，在当今世界呈现多元化发展。从不同的角度可将合唱艺术划分为不同的类型。就目前而言，根据作品不同的形式、风格、时期及内容等，合唱形式已多达20个组别，各组别间在作品风格和声音运用上各有千秋。基于此，我国歌唱艺术家田玉斌对这些合唱类型进行了更为细致的划分，主要有以下六种演唱形式，即室内合唱、歌剧合唱、民歌合唱、现代合唱、流行歌曲合唱和原生态合唱。

对于这些风格迥异的合唱类型，人们通过国际合唱节便可了解。"中国国际合唱节"每两年举行一次，有着合唱界的"奥林匹克"之称，其地位、规模及影响力可想而知。这一音乐盛会已成为世界合唱音乐运动中最新、最有生命力、最有影响力的盛宴。在这场音乐盛宴中，合唱艺术已赢得全世界的喝彩。

这些形式多样的合唱类型要进行更为全面和细致的划分，还需要学者不断地探究。在吸收和借鉴前人研究成果的基础上，笔者提出了自己的划分理念，认为可参考以下四个维度。

（一）按人声特点划分

合唱是多声部参与完成的一项演唱活动，根据人声的特点不同，可将合唱分为混声合唱（mixed choir）和同声合唱（choir of equal voice）。所谓混声合唱，是指多种人声参与的合唱，一般为男女声混合，是合唱艺术的一种重要形式。其主要有男/女高音，男/女低音四个声部。也有特殊情况，即根据作品的需要，加入童声，这些不同的组合形式都被称为"混声合唱"。同声合唱一般较为单一，主要有男声合唱（male choir）、女声合唱（female choir）和童声合唱（children choir）几种形式。同声合唱一般只有两种情况，即高、低声部，或高、中、低三个声部。

（二）按表演规模划分

一般来说，我们所熟知的大型合唱、中小型合唱都是按规模来划分的。规模大小，一般从人数上便可得到最为直观的反映，因而，人数可作为判断演唱规模大小的参数之一。按表演规模，可将合唱分成小合唱（ensemble）、合唱（choir）、室内合唱（chamber choir）、大合唱（grand vocal cycle）。小合唱在人数上不占优势，对作品内容也没有特别的要求限制。通常，将人数在16人以内的合唱团体称为小合唱组别。而对于同声合唱，将人数不超过8人的组别称为小合唱。

这里的"合唱"不同于大的合唱艺术的概念，其表演规模一般为30~60人，是最常见的演绎单乐章作品的形式。世界合唱比赛中规定的人数范围是31~59人，而混声合唱要求不能低于37人。当然，这些数字并不是确切的，也不是唯一标准的，只是一个大致的范围，起着一定的参考作用。无论是国内还是国际，合唱比赛都会对人数有具体的要求。

对于室内合唱，目前尚缺乏明确的界定，因而其规模也是模糊的表述，即介于小合唱与合唱之间。世界合唱比赛将室内混声合唱定为13~36人，室内同声合唱人数为9~10人。室内合唱必须是单乐章的，一般演唱生活化的小情歌或风俗历史类型的作品，除了对内容的讲究外，音乐风格也要求"精致而细腻"，音乐性突出。

大合唱从规模上来看，人数较多，在合唱表演中，形式也广泛多样，对作品内容有着一定的要求，一般以富于史诗性或者戏剧性，重大史实或是具有现实意义的题材为主；在演唱风格上，以合唱为主，并穿插领唱、独唱、重唱、对唱等多种表演形式。

（三）按伴奏形式划分

伴奏的作用在于为合唱表演增添色彩，增强其艺术性。然而，并非所有的合唱都需要伴奏。因而，将有无伴奏作为合唱划分的维度，可将合唱分为有伴奏合唱（choir with accompaniment）和无伴奏合唱（a cappella）。

在合唱表演中，用于伴奏的乐器一般为钢琴。而根据作品所处的时代不同，可采用与之相适的其他乐器，如用弦乐四重奏或双簧管、小提琴等，不仅能增添艺术色彩，还能增加时代感，增强作品的情感。

随着声乐艺术的发展，伴奏这一重要的艺术形式也在声乐艺术中受到了重视，在合唱事业中也越发扮演着重要的角色。例如，伴奏作为独立的音乐角色，形成"副旋律"来附和人声的主旋律；或者在歌曲性不强的地方，可以通过钢琴的分解和弦来对人声起到带动作用等。但是对于伴奏的选择与否，并不是随心所欲的，而是一门深有讲究的学问，需要慎重对待。无伴奏合唱有其自身特色，这一类型的合唱一般擅长营造出干净、空灵、浑然一体的气氛，同时以其统一和谐的纯人声优势从听觉上塑造出立体的空灵感。

（四）按音乐风格划分

合唱适合于多种风格的音乐作品，因而可根据音乐风格对合唱进行相应的划分，具体如下。

宗教合唱（music of the religions）：最初就是宗教性质的，其内容也是围绕宗教文化展开的。与之不同的是，现代社会的宗教合唱不仅是指基督教，还包括佛教、伊斯兰教等世界各种宗教音乐文化。宗教合唱作品的创造以宗教题材为背景，反映的是宗教仪式或活动的音乐，以各种宗教文化中原始存在的合唱音乐为主要形式。

灵歌（spiritual）：最初反映的是黑奴的生活，是由针对黑奴劳动所创造的歌曲逐步演变而来的。灵歌节奏简单、匀称，音乐内容质朴，主要反映生活，与劳动密切相关；以无伴奏演唱形式居多；通常是以"领唱加响应"的演唱形式为其主要特征。

流行合唱（popular choir music）：具有主旋律流畅、曲风新颖的特点，而且节奏明快，朗朗上口，是一种易于演唱的合唱形式。

爵士合唱（vocal jazz）：一种流行于欧洲的演唱形式。探究爵士合唱的起源可追溯至黑人音乐，可以认为爵士合唱与黑人音乐有着不解的渊源。它由黑人音乐发展而来，是一种具有强烈节奏感的音乐形式。除此之外，它还是一种善于通过"即兴变奏"进行演唱的合唱形式。

民歌合唱（folk song）：最主要的特点在于融合了合唱艺术与民族韵味。民歌合唱可分为两种形式，即原生态的多声部民歌和经作曲家加工后的民歌。其中原生态的民歌作品保留了民族的原汁原味，作品的旋律和节奏都蕴含着强烈的本土特色，易于识别。而经过作曲家艺术加工的作品是建立在原始民歌的基础上的，因而比原始民歌的表现更加丰富。无论哪种形式的民歌合唱，都体现着强烈的民族性，包含着民族最朴实的情感，通俗易懂，因而更容易被广大人民群众所接受和传唱。

民谣（folkore）：民谣与民歌同属于民族范畴，因而是极易引起混淆的两个合唱类型。二者的区别从起源上来说，民谣最初是民歌的一部分，随着时代的发展，逐渐从民歌之中分离，自成一种音乐形式。民谣同民歌一样，朗朗上口，简单易学。通常，民谣以儿童题材的作品为主。现如今，民谣已发生了很大的变化，不再是单纯意义上以儿童为题材的民谣唱曲了，它在保留原有童趣的基础上，增加了思想性和叙事性，常以轻松、富有生活化的形式出现。

二、合唱音色分析

声音的三个主要特性分别为音质、音色和音调。其中，音色是指声音的色彩，声音的属性。通过音色，我们才能区分不同的声音。有些人的声音粗犷，有些人的声音甜美，也有些人的声音低沉，这些差别都是通过音色体现出来的。不仅如此，音色还能够反映一个人的情绪，是人的情感的重要表现手段。俗话说"闻其声知其人"，就是音色感知功能的体现。通常，人们的情绪是复杂的，同一个人在不同的情绪下，说话时的声音色彩是大相径庭的。心情愉悦时，说话的声音色彩轻快、明亮；悲伤时，说话的声音色彩暗淡、低沉；愤怒时，说话的声音色彩沉重、粗壮；等等。

声乐艺术对音质、音色及音量的控制能力要求较高。其中又以音质及音色最为重要。拥有好的音色、音质，对于歌唱者来说，是自身的优势，对演唱效果有着直接的影响。听众可以通过音色判断演唱者的水平。而对于由多人组成的合唱团来说，其本身就代表着声乐艺术的最高形式，因而对音色要求较为严格。任何合唱团都应形成独具特色的音色。而团体成员较多，每一个人都有自己的声音特色，这就对合唱团提出了较高的要求。注重音色的调和，达到音色的统一，并拥有好的音色，是合唱团存在的基础。

合唱是群体性艺术，个人表现得再完美，也很难达到整体好的效果。合唱需要去掉个性而展现共性。这也是在声乐表演艺术中，合唱与独唱的区别。

虽然合唱与独唱都对音色有着极高的要求，但独唱是单一音色，而合唱集各种音色于一体。每个人的音色各不相同，独唱只需要演唱者最大限度地展现音色就可以了，而合唱则不仅需要各个成员音色的展现，更重要的是通过巧妙地组合，将有差异的音色和谐地展现出来，发挥出音色的最大效果。音乐重在给人以美感，给听众以曼妙的声音享受。作为声音艺术最高形式的合唱，其魅力就在于和声的美妙。和声扩大了音域的范围，增强了声乐的空间层次感，使音色丰富多彩，更具感染力。

合唱是多声部的声乐演唱形式，合唱团中每一个成员的音色不尽相同，声部就是对音色的一种归类，即将相同或相似的音色归为同一声部。这样，通过整编，将不同音色的人安排在相应的声部位置，达到取长补短的效果。

在合唱过程中，音色是可以塑造的。通常，为达到合唱作品所需要的音色，合唱团成员可以通过控制气息、共鸣腔体等调节原始音色。这里原始音色是合唱团中每个成员不在合唱状态下，各声部的基本音色是声部的一种自然状态。合唱艺术效果的达成离不开对各声部原始音色的塑造，从而达到合唱音色。合唱音色是为合唱服务的，对于合唱团来说，合唱音色应该具有特色，只有这样，才能在众多声乐艺术中脱颖而出，给听众留下深刻的印象。

成熟的合唱能够展现出比独唱更强烈的情感，甚至强烈到和管弦乐中的铜管相抗衡；合唱也可以表现出温柔、细腻的音乐情感，此时能够与抒情性的弦乐相媲美。合唱所能够展现的情感是丰富的，不同内容的声乐作品都可以通过合唱风格的改变来达到让人意想不到的音色。在合唱声部的组合中，根据高、中、低三种声部的特点，有六种不同的组合方式，即男/女高音、男/女中音、男/女低音。不同的组合方式，在音域范围上各不相同，由于每个人的音域是有限的，而通过恰当地组合，就能够在一定程度上实现音域的最大化。

混声合唱团的音域可以达到四个八度甚至更宽（从大字组的C到小字组的c），这在一定程度上能够弥补人声和器乐在音域上存在的差距。合唱还能够改变声音的力度，无论是从ppp到fff，还是演唱突如其来的强音或是弱音，都能够轻松驾驭。不仅如此，在合唱中采用的循环呼吸的方法可以让音的时值任意拉长，并让句子之间有很好的衔接，这样可以把宽广的句子表现得更加清晰。这一点在无伴奏的蒙古民歌合唱中发挥得淋漓尽致。蒙古民歌的一个特点是粗犷、豪放，曲调悠扬，节奏明快而自由，音调嘹亮，为竭力展现民族特色，经常在歌曲中有很多的长调、长音，这时候就需要用循环呼吸来表现，单独的人声很难维持音值，也很难表现出那种绵延的感觉。可见，合唱有着比独唱更丰富的音响效果。

在合唱训练中，合唱指挥首先必须具备专业的声乐素养，清楚合唱音色的概念，在此基础上，立足于合唱团成员的实际形式，形成具有鲜明特色的合唱音色，使每一个声部都具有相应的特征，使合唱团的音色有一定的可变性，根据每一首作品风格的不同来改变相应的音色。

第四节　童声合唱的声部及作品

一、合唱的声部

声部是合唱最基本的组成单位，其所对应的是音色，相似音色归为同一个声部。按照音色对声部进行划分，有同声和混声，而又以混声最为常见。混声合唱中，最典型的类型有以下几种。

（一）女高音

女高音声部可分为第一女高音和第二女高音两个声部。第一女高音声音高而明亮、轻巧而多变，在合唱中的地位突出，承担着合唱的重要角色，一般担任主旋律声部，音域为$g{\to}c^3$。第二女高音声音有力、宽广、圆润，起着辅助作用，承担辅助旋律或和声性声部，在比较雄伟的作品中常起主要作用，音域为$c^1{\to}g^2$。

（二）女中音

女中音介于女高音和女低音之间，在声部分类中，它是不可或缺的一部分。女中音音色浑厚、结实而温和，音域为$a{\to}a^2$，共十五度，在声乐演唱中不仅可以作为旋律声部，担任独唱；同时还是和声声部，可以作为对男高音的补充。

（三）女低音

女低音可分为第一女低音和第二女低音两个声部。第一女低音的音色柔顺、坚实、热情、稳健，音域为$b{\to}f^2$；第二女低音的声音淳厚、温和、饱满，常作为女高音音色上的补充，音域为$g{\to}c^2$。

（四）男高音

男高音声部可以分为第一男高音和第二男高音两个声部。第一男高音声音多变、轻巧、坚实而有力，在抒情性歌剧作品中起着重要作用，常单独与女高音一起演唱旋律，音域为$g^1 \to c^3$；第二男高音声音充沛、结实、有威力，常常担任主旋律，在战斗性较强和较雄伟的作品中常起主要作用，音域为$c^1 \to g^2$。

（五）男低音

男低音声部可分为第一男低音和第二男低音两个声部。第一男低音的声音有力、刚健、饱满、响亮，有时也担任主旋律，但主要起和声作用，音域为$B \to e^1$；第二男低音的声音浑厚、结实、有力，常担任基础音声部，音域为$G \to c^1$。

（六）童声

童声由童高音与童低音两个基本声部组成。由于在变声期以前男女儿童的音质相同，音色相近，所以童声合唱队通常由男童女童混合组成。一般来说，高声部甜美，低声部丰满厚实。如果音色相近，亦可根据音域来划分声部。音域为$b \to e^1$的为高音声部，而b以下至d的为低音声部。

根据客观条件，高音声部可以再分为第一童高音和第二童高音两个声部，低音也可同样划分。从音色的表现来看，童声主要发挥其先天纯净明亮而甜美的音质优势，既纯真又有穿透性。较好的童声合唱队的音域为$e \to a^2$，音域宽广到两个八度以上。

二、童声合唱的分组

（一）6～8岁——童声前期

6～8岁的儿童，身体各方面机能尚处于发育阶段，肺活量小，声带发育还不成熟，声音稚嫩、清脆，音域较窄，所以在处理合唱声音的融合度方面，需要极其注意。在合唱演唱方面，对指导教师素质提出了较高的要求。

（二）9～12岁——童声成熟期

随着儿童年龄的增长，9～12岁的儿童在生理和心理上都较初期有了明显的变化。此阶段的儿童，肺活量已有所增大，声带发育日趋成熟，已具备一定的弹性，音域增宽。声音相对童声前期比较柔和。与此同时，此阶段儿童音色的可控性较强，对声音的控制力也比较稳定，被称为童声成熟期。

（三）12～15岁——童声后期

迈入童声后期的儿童，有的已进入变声期，为缓和儿童心理和生理上的不适，指导教师需要掌握科学的声音处理方法，加以引导，尤其加强这一时期对声音的保护。这一时期是童声艺术的高峰期。这一阶段的儿童无论是在音乐修养、音质、音色方面，还是在音域宽度、演唱技巧等方面，都有着较强的可塑性，而且，这一阶段儿童的自控能力、自我意识较强，对自己的兴趣爱好有着明确的认知，指导教师科学的引导和培养，对于良好声音的形成具有非常大的作用。

三、童声合唱教学的价值

合唱是展现和谐艺术的最高形式，是人类音乐文化宝库中的瑰宝，散发着光芒四射的独特魅力。童声合唱作为合唱艺术中的一种，以其特有的"天籁之音"受到了社会大众的喜爱与关注。现如今，童声合唱已走进校园，成为中小学音乐教育中不可或缺的一个重要组成部分。合唱不仅能引导学生步入丰富多彩的音响世界，使学生感受音乐所蕴含的艺术魅力，带给学生美的熏陶，缓解学生紧张的学习压力，增强学生的艺术修养；还有助于培养学生的集体意识、团队协作的精神，对于良好校园文化的形成有着积极的促进作用。合唱犹如一条纽带，联系着校园文化与社会文化。总而言之，合唱对于学生的成长与发展意义重大。

（一）童声合唱是培养儿童集体意识的重要途径

合唱艺术不同于独唱，独唱只需做到尽显个人才华即可，而合唱尤为注重团队协调，强调成员间的配合意识及平等观念。儿童在成为合唱团体成员之初，就应该自觉树立团队协作意识，以集体为中心，将集体意识的养成等同于合唱技巧的掌握，认真对待。在合唱声音技巧训练中，尤其要突出声部发音的训练，使不同声部间达到高度一致，以促进音色的融洽、谐和，即俗话说的"像一个乐器"。

要达到这样的效果，作为演唱者，就必须在合唱中克制个性的张扬，避免鹤立鸡群或是一人一调，尤其是在节奏的把控上要适当，尽量与整体保持一致，既不能赶快，更不能拖沓。呼吸换气时，也要保持频率的一致，只有这样，才能在整体上给人以和谐的感觉。

儿童属于特殊的群体，无论是在认知方面还是在技巧的掌握方面，都不是很成熟，还有着很大的发展空间，可塑性较强。因此，在对儿童进行合唱训练时，首先可以让儿童多听，在倾听中培养其对声乐的感受力和对节奏的感知力，这样能够使他们准确地融入集体。

合唱是一项集体性极强的活动，在这项活动中，儿童能够得到更多的交流与互动，无形中培养了他们团结合作的意识，使他们懂得只有相互配合、彼此成就，才能圆满完成一部声乐作品。因而，合唱是促使儿童养成集体意识和团队精神的重要途径之一。

（二）合唱是提高儿童音乐素质的重要手段

合唱是声乐艺术中的最高形式，其本身也是一门综合性的艺术，强调各要素的相互协调，以求最终的完满呈现。因而，合唱艺术的提升需要综合各方面要素。在合唱教学中，儿童不仅要为打好声乐基础做好理论准备，加强基本乐理的学习，还需要强化视唱及练耳，对于粗浅的和声知识同样也应该引起一定的重视。

由此可见，合唱是一项多样化技能的学习与掌握的过程，学习者所获得的远比一般课程的学习要多。合唱对儿童的影响更多、更广，不仅是理论知识上的，还包括认识乃至精神方面的。这些音乐知识的获得使儿童的音乐素质无形中得到了提高，进而促进合唱效果的提升。儿童在合唱中能够找到自信，体验乐趣，丰富思维及创造性，从而激发更大的学习热情。这样，一方面，合唱促进儿童对乐理知识的掌握；另一方面，乐理知识的掌握反过来又促进儿童合唱技能的提升。二者在彼此促进与影响下，进入一种良性循环的状态，有利于儿童音乐素质的提升。

（三）合唱是进行儿童思想品德教育非常好的方式之一

鉴于儿童合唱团体的特殊性，儿童合唱团在歌曲的选择方面，也有着不同于成人的要求。适合儿童合唱的大都是一些旋律优美动听、节奏明快的歌曲。这类歌曲在内容上也相应简单，便于儿童理解。除此之外，这类歌曲在艺术表现力方面也极具特色，具有强烈的艺术感染力。作品所表达的都是积极向上、蕴含着美好寓意、有着强烈育人意义的思想情感。

演唱这类歌曲，不仅能够提高儿童音乐审美的感受力，更重要的是对儿童心灵的作用，有助于心灵的净化，培养儿童高尚的道德情操，促进儿童精神人格的完善，引导他们形成正确的道德观和世界观。例如，以《小乌鸦爱妈妈》作为合唱曲目，在合唱开始前，需要做好合唱前的准备，不仅是合唱状态的调整，对作品内容的把握也是一项极为重要的工作。对作品内容的梳理，有助于儿童对作品的理解，以作曲家的创作意图引导儿童深刻理解作品的内涵，为合唱中情感的传递打下基础。这样，儿童在合唱的过程中就更能够感受到和谐音乐所表达的情感，感受小乌鸦与妈妈的感情。加之前期的引导与梳理，小乌鸦对妈妈的爱，便能够自然地升华为儿童对妈妈的爱，让儿童对母爱有了更深层次的理解，从而理解妈妈的艰辛与不易，从小尊敬父母长辈，知道感恩图报。合唱是将爱传递的过程。

（四）合唱是促进儿童全面发展的有力手段

首先，合唱是声乐的重要组成部分，理应属于音乐的范畴，也就自然具备了音乐的一般功能。和谐、优美的音乐能够带给人心灵的熏陶，对于儿童的成长具有积极的促进作用。悦耳的音乐能够让紧张的心情暂时得到放松，使疲惫的身心得到暂时的缓解；激昂奋进的音乐还能够刺激人的精神，激发人的动力，使人无论从事任何活动，都能够获得更好的效率。

其次，合唱是一种眼、耳、口、心相互协调的活动，任何一场合唱，都需要演唱者做到眼、耳、口、心同步。因而，合唱能够使儿童各方面能力得到锻炼。合唱对音色的和谐要求极高，通过视听练耳训练，能够提高儿童分辨音色的能力，使儿童在听的过程中能够准确辨别声音的和谐与否。同样，合唱音色的和谐要求做到呼吸一致，故而，合唱有助于呼吸器官功能的锻炼，增加肺活量；此外，音准也是合唱的基本要求，通过合唱咬字训练，能够提高儿童语言能力。所以，合唱是一项全身心的运动，进行科学的合唱训练，有助于提高儿童综合素质，使其全面发展。

四、合唱作品的选择

合唱的艺术效果需要通过作品来展现。"巧妇难为无米之炊"，没有好的作品，也就无法展现合唱的水平。所以，作品的选择对于合唱团体尤为重要，尤其是童声合唱，更应该从团队整体出发，有所取舍。对于作品的选择，需要从以下几个方面综合把握。

（一）符合儿童的生理特点

组成童声合唱的成员一般为中小学在校学生，年龄集中在6～12岁。对于他们来说，有着自身的优势，不仅表现在思维活跃这一方面，更重要的是他们的音色自然、甜美、清脆，但是由于年龄因素，身体机能尚处于发育阶段，还不成熟，在一些方面存在欠缺，如受到发声器官、呼吸器官不成熟的客观现实的制约，他们中的大多数人与成人相比，肺活量不足，声带机能不强，音域较窄。针对这类儿童，在对音乐作品的选择上应尤为注意，尤其是低年龄段的儿童（以6~9岁为主），所选作品音域一般控制在十三度，而9~12岁的儿童最多在十六度。

之所以将音域控制在合适的范围，是出于对儿童嗓音的保护。音域过高，儿童力量不足，极易造成声带拉伤；而音域过低，身体器官得不到相应的锻炼，久而久之，便会萎缩，不利于儿童的健康。所以，对作品音域的把握至关重要。在具体选择时，需要综合考虑，从全员实际出发，以队员年龄水平为基本出发点。切忌盲目追求音高，忽略儿童的实际承受能力。这样只会适得其反，不仅儿童唱得费力，而且也会损伤声带。除了考虑作品的音域，尊重儿童嗓音的天然特征，也是选择作品需要考虑的一点。童声合唱正是因为儿童有别于成人的独特音色才备受大众喜爱。儿童声音清脆、稚嫩，是最清澈、最自然的声音，教师应该让儿童的这种声音发挥到极致，而不是过分追求艺术效果，让儿童模仿成人宽厚的嗓音，或是为了符合作品的情感而多加雕饰。这就需要教师在选择作品时，将最大限度地保留儿童的原声作为参照，尊重儿童的生理特点，选择适合儿童音域的作品，以充分发挥儿童嗓音的特色。

（二）内容与形式与时俱进

随着网络信息化的发展，互联网已融入现代人生活的方方面面。生活在这一环境下的青少年儿童，他们获取的知识与信息更为丰富，其视野也更为开阔。学校已不再是他们与外界信息连通的唯一渠道，网络、媒体使信息获取渠道更加多样化。也正因为如此，现在的儿童似乎对各类新潮充满兴趣，在音乐的感受上也追赶时尚，对于老一辈的经典传唱作品，如《歌声与微笑》《让我们荡起双桨》等，充满不屑。在他们看来，这些作品太旧了，离他们的生活太遥远。

确实，虽然这类作品经久不衰，是音乐作品中的经典，但作为新时期的童声合唱，理应紧跟时代步伐，在作品的选择上坚持与时俱进的思想，将是否贴近儿童生活、是否深受儿童喜爱作为作品选择的参考要素。因为兴趣是最好的老师，只有选择儿童感兴趣的作品，他们才会由衷地将作品所传达的情感呈现出来。

尽管迎合儿童的心理是作品选择的一个方向，但是最终的选择权在于老师，儿童喜欢的不一定是适合的。作为合唱教师，需要根据儿童的喜爱程度以及作品的适合程度，进行综合的考量，有目的、有重点地筛选，最终择优选取，如旋律优美动听又流行的《带我到山顶》《国家》等歌曲；或者经过现代作曲技术改编，有流行元素的老歌曲，如林志炫改编的《莫斯科郊外的晚上》、金巍改编的混声合唱《思念》等；或者是国外的一些经典合唱曲目《卡林卡》《跳起我的霍拉舞》《雪绒花》；甚至是一些短小有趣的音乐小品。这样既保留了音乐作品中的经典元素，也因其独特新颖的风格，引起儿童演唱的兴趣。这些作品既贴近儿童的生活，有助于达到合唱的目的，也能够让他们在合唱过程中体会到无穷的乐趣。儿童以轻松愉悦的状态唱歌，才能够收到好的合唱效果，也只有这样，才能推动合唱团的持久发展。

（三）量体裁衣，扬长避短

"尺有所短，寸有所长"，任何人都有自身的优势与不足。作为一个集体的合唱团也不例外。影响合唱团整体水平的因素是多方面的，包括合唱团的成立时间、教师水平、成员素质等。在影响合唱团质量的众多因素中，除客观因素无法改变外，还可以通过主观努力，做到扬长避短。如在作品的选择上，精心打造，选择最适合团队演唱的音乐作品，便能够将劣势掩盖或者转化，从而实现效果的最大化。

这项工作有赖于经验丰富、音乐素养较高的合唱教师来完成。如果教师缺乏经验或是对作品的选择比较随意，很可能将团队的缺点暴露无遗。这个时候，对于一般团队而言，可以保守地选择技巧性小、声部不太复杂的小歌曲。如果这些作品恰恰是儿童所熟悉的，将会起到事半功倍的效果。因为儿童对于熟悉的内容更亲切，表现的欲望也更强烈。这些歌曲如《送别》《铃儿响叮当》《真善美的小世界》《小白船》等。

如果合唱团存在气息上的问题，如对气息的控制能力差，将会导致抢拍或拖音的问题。在气息训练不足的情况下，为避免合唱中这一问题的出现，教师可以选择不需要大量气息支撑的乐曲，轻快的歌曲则更为适合，如《太阳出来喜洋洋》《溜冰圆舞曲》《八只小鹅》。对于年龄偏小的合唱团，更应如此。总而言之，在气息的选择上，教师要充分考虑儿童的年龄段，不同年龄段有着不同的选择要求，只有做到量体裁衣，才有可能将合唱团劣势降到最低，将优势发挥到最大。

作为合唱教师，一定要对合唱团有较为全面的了解，在选择作品时要高屋建瓴，综合考量。"最好的不一定是最合适的，但合适的一定是最好的。"这里需要明确一个观点，即选择适合的，规避缺点，并不是逃避自身存在的问题；相反，要在平时的训练中加强对自身薄弱环节的突破，只有消除弱项，强化优势，均衡发展，才能轻松驾驭任何曲目。只有这样，合唱团才有更大、更好的发展空间。

第五节　声部训练在合唱教学中的运用

一、合唱教学

合唱教学是中小学歌唱教学的重要内容之一。多声部合唱较之单声部齐唱有着更丰富的表现力。合唱是感受、体验和声感觉的有效方式之一，通过合唱可以发展学生的和声感。合唱使学生获得集体活动的体验，培养集体意识和协调合作能力。中小学每个年级（一般从小学三年级开始）要有一定比例的合唱教材，并逐年增加，至中学应能演唱四部合唱。

合唱教学要循序渐进，逐步提高。从小学三年级开始逐年增加合唱比重和难度。缺乏基础者突然演唱较难合唱的曲目常常是教学失败的原因之一。课外合唱团训练也要循序渐进，逐步提高。

（一）导入合唱可采用的方法

一是用"交换唱"的方式演唱齐唱歌曲，即唱齐唱歌曲时，两组轮流各唱一句，以培养学生倾听对方歌声的习惯。

二是采用低声部唱"反复固定音型"，或者结尾处增加多声部等形式，这有利于降低难度，让学生体验多声感觉，培养合唱的兴趣。

三是导入合唱的最有效方法——轮唱。合唱教学宜从轮唱开始，轮唱以一两个声部先行，其他声部相继跟进，并持续加以模仿，形成叠置、交织的多声部效果。（注意：一定要选用专门的轮唱曲，不可随意将一般歌曲做轮唱处理）

（二）合唱教学需注意的内容

第一，合唱是"集体音响艺术"。合唱追求声音的融合、协调，即达到统一、平衡、和谐的要求。合唱练习要引导学生倾听整体和声音响，倾听其他声部和他人声音，以获得多声部音响的感受，体验和声美感；要使每个成员精神集中、遵守纪律、听从指挥，对指挥的要求做出迅速、正确的反应。

第二，进行正确的发声指导。变声期前，教师要训练学生运用头声唱歌。声音的统一、和谐必须建立在正确、良好的发声基础之上。

第三，合唱教学与识谱教学同步进行。合唱需要识谱能力的支持（缺乏识谱能力会给合唱教学带来一定困难），学生要从小学三年级开始练习合唱，同时进行读识乐谱练习，合唱和识谱相互促进，逐步提高。

第四，合唱声部的划分。较低年级的教学班合唱声部可按座位划分，声部还可以互换，变声期后可按学生声音状态划分声部，调整座位。三声部时也可分成女声两部、男声一部。

第五，合唱教学要课内外结合。课外合唱团重在培养音乐骨干和唱歌积极分子，使他们在教学班合唱中发挥骨干示范作用，骨干示范对教学班合唱影响甚大，参见轮唱教学、头声歌唱训练方法，达到合唱的统一、合唱的平衡、合唱的和谐。

二、声部训练对合唱教学的现实意义

（一）多声部音乐训练有助于解决合唱中的诸多问题

合唱作为一种较为完整的实际音乐作品表现形式，在合唱过程中以音乐的表达、声音的展现、成员间的配合等作为其训练的目的，属于较高层次的艺术表现形式。而多声部音乐训练作为合唱训练的基础，具有包括音准训练、旋律应用训练、节奏训练、立体音乐思维训练在内的一系列系统的训练内容与循序渐进的训练模式，集中并突出地解决了在多声部音乐进行过程中起到关键作用的音准、音色、节奏等基本问题，同时也多方面地培养了学生的立体音乐思维及音乐表达、音乐分析等综合性能力。在合唱中，团体的合作能力、视唱能力、听觉分析能力及音乐分析能力等都能够决定一个合唱团能否创造出更完美的音响效果。多声部音乐训练具有针对不同音乐要素的不同训练方法，有助于有效地提高成员的识谱视唱能力，解决识谱慢的问题；具有单独针对音程、和弦构唱的训练方法，有助于增强成员的听觉能力，解决音准差的问题；具有多种节奏听辨练习及节奏应用练习，有助于加强成员在多声部的立体节奏对位中的准确度与灵活度，解决成员间、声部间配合不协调的问题；具有循序渐进的和弦功能与和声织体训练，有助于巩固成员对于实际音乐作品的听觉分析和音乐分析能力，增强综合性的音乐感知能力……由此可见，应用于合唱训练中的多声部音乐训练方法，由点及面，面面俱到。

（二）多声部音乐训练有助于音乐表达能力的提高

音乐表演的最终结果实则体现在演唱者对音乐作品准确的传达与再现上。合唱艺术最终是将作曲家创作于曲谱中的各种音符符号，通过指挥与成员的精诚合作，并沾染着指挥及成员的二次创作色彩，最后运用人声及伴奏乐器，意图将作曲家的原意尽可能完整无误地演绎给听众的一种艺术形式。因此，瓦尔特（Bruno Walter）说："演奏家的艺术处理和见解越高，他就能更大程度地传达该作品。""只有伟大的个性才能明白揭示伟大的创造。"因此，为了在合唱作品中尽可能原意地表达音乐的内容，能否做到技巧与表现的统一、真实性与创造性的统一便成为关键。琵琶演奏家刘德海说："技差而无情理，为劣之劣者；技佳而无情理，为匠之劣者；以情感人，以理服人，而技术又足以副之，为优之优者。"

在音乐艺术中不仅要有情感，还要有技术作为辅助，方能算得上是优之优者。技术作为情感表达的辅助，既不可缺之，更不可仅有而行。多声部音乐训练对于合唱中音准、音色、节奏等技能的训练与提高，所谓之"技"；而多声部音乐训练中对于立体音乐思维、音乐听觉分析等有助于情感表达的综合训练，则所谓之"理"。

在进行系统的、完整的多声部音乐训练之后，方能获得"技"的高超与"理"的准确，最后再佐之以"情"的适度，在合唱音乐的演绎中才能够真正做到"以情感人，以理服人，而技术又足以副之，为优之优者"。然而，对音乐意图的理解与表达是两回事，即便是对音乐的理解再准确、再到位，若无准确的音乐表达，没办法用合唱的形式将音乐表达给听众，那么再好的音乐理解能力也是徒劳无功的。合唱艺术也是如此。多声部音乐训练能够提高合唱音乐表达的准确性。这种准确性体现为对曲谱中所有音符符号的表达之准确，对音高、音准、音量的传达之准确，对和声功能和织体对位的演绎之准确等。唯有对作品的表达贴合作曲家的最初心意，演绎出的音乐方能原汁原味。

三、合唱教学中声部训练的具体途径

（一）通过纯节奏练习感受声部对比

在小学合唱教学中，节奏练习是进行合唱实践的基础，在初级阶段的教学中，主要是以纯节奏练习让学生感受声部的对比特点。根据学生的特点来划分不同的声部，建议以简易的二声部训练为主。

训练基本上分为两种形式：一是单手敲击声部对比练习。教师以固定的节奏进行单手敲击，学生在下一小节上以不同的节奏组合进行对应，两者以先后小节的呈现形成不同声部上的节奏对比。二是拍手练习。以4/4拍作为一个乐节，教师手拍固定节奏声部，学生则在声部每一个小节中分别拍出不同的节奏组合，两个声部同时进行。这种方式可以使两个声部建立在统一的节奏框架中，而教师的固定声部节奏与学生的变化声部节奏则形成了节奏组合上的对比。

纯节奏的声部练习可以让学生掌握节奏的律动性，从而加强对节奏音型的认识。在充分掌握二声部纯节奏训练的基础上，可以适当地增加声部数量，在节奏的表现上也可以通过更加丰富的形式进行呈现。如在四声部的练习上，可以将学生分为四个不同声部：第一声部为歌词朗诵声部，第二声部采用拍手的形式表现出不同的节奏组合，第三声部采用简单的奥尔夫乐器以固定的节奏组合表现，第四声部可以采用拍手和跺脚的形式表现不同的节奏组合。这四个声部需要建立在统一的节奏节拍体系之中，其目的是实现四个声部在不同的节奏组合下有机统一地进行，而不同的表现形式则可以让学生体会声部音色的区别。

（二）通过旋律组合体会声部和谐之美

旋律的组合声部训练主要是让学生建立起音高意识，进而掌握音准，在声部的统一进行中感受声部的和谐之美。从具体的练习上看，主要是以渐进式的练习为主，一是四度、五度、八度的和声练习。在民族风格的音乐作品中，四度、五度、八度的和声运用得最为广泛，同时也是最能够体现出和谐之美的和声进行。在二声部的训练中，着重训练五度和八度的音程进行，让学生体会在不同音区上五度和八度的特点；在三声部的训练中，则加入四度音程的练习，突出四度、五度、八度音程的连续进行和交叉进行。二是西方大小调式和弦进行。西方大小调式中和声进行的特点突出在两个方面，即以三度音程叠置的和

弦结构及功能和弦连接的和声进行。

从和弦结构的练习上看，可以锻炼学生对三度、六度音程的掌握，让学生了解不同和弦结构下音响效果的特点，如通过大三和弦的练习可以让学生感受到明亮的音色质感，而对小三和弦的练习可以让学生感受柔和的音响效果。功能和弦的进行可以锻炼学生对和声进行中不同和弦的音色变化以及感受终止式的进行效果。由此可以看出，对不同和弦结构以及和声的进行使学生能够感受到不同音乐风格的特点及变化。

（三）不同声部组合形式下简易歌曲的练习

在小学低学段的合唱教学中，建议教师通过改编歌曲的方式进行声部练习，尤其是以教材中的独唱歌曲作为改编对象。因为学生通过课堂教学已经对这些歌曲有了充分的掌握，而运用合唱的形式演唱这些歌曲不仅可以起到巩固的作用，同时也可以加强学生的声部训练。

从具体的改编手法上看，主要有两种方式：一是根据歌曲的风格特点运用和声的手法分出不同的声部，其和弦结构主要是以协和的音程为主；二是通过卡农的形式将独唱歌曲改编为轮唱的形式，这种接龙式的歌唱不仅能够提高学生的歌唱兴趣，而且能够根据美育的要求培养学生的合作精神。

第二章

班级合唱艺术课程的开发与实践

第一节　音乐校本课程开发的取向

一、课程资源及音乐课程资源的概念

具有使用价值的物质才可称为资源，即资源是一切可被开发与利用的物质、能量和信息的总和。教学资源是众多资源形式中的一种。作为教学活动的基础，丰富的教学资源是推动教学活动正常进行的有效手段。充分利用教学资源可以有效提高教与学的有效性。随着教育信息化工程的整体推进，教育也需要在与时俱进中不断发展与变革。尤其是对教育资源的挖掘与利用，更需要立足于时代，并结合现代化技术与手段，只有这样，才能加速推进和提升教育信息化水平。

对于课程资源的概念界定，不同的学者持不同的观点，目前尚未统一。

一般而言，一切服务于教学的资源都可以作为课程资源。从广义上讲，课程资源是集人力、物力、信息乃至资金等要素于一身的综合概念，是共同作用于教学，能够促进有效学习的所有资源的总和。狭义的课程资源指能够直接服务于教学活动的因素，包括教材、教具、仪器设备等有形的物质资源；与此同时，还包括学生已有知识的积淀以及家长乃至社会对教育的支持等。从结构上来说，课程资源有校内、校外两种类型。校内课程资源是学校内部的资源，包括校内师资，教材，师生的阅历、经验以及学习方式、教学策略等；除校内课程资源，一切可用于教学的资源都可视为校外课程资源，包括校外的图书馆、科技馆、博物馆、网络资源、乡土资源、家庭资源等。

具体到音乐这一门学科，可将一切服务于音乐教学与活动的资源形式，或有助于促进音乐教学活动开展的相关因素，统称为音乐课程资源。这一观点可视为对音乐课程资源的广义理解。这一理解集中体现为音乐素材的来源，如音乐学科的知识，音乐的技能与经验，与音乐有关的文化、习俗等，除此之外，音乐师资、音乐器材与音乐课程实施场地等人力、财力和物力也是影响课程资源开发的重要因素。从狭义方面来看，音乐课程资源主要是指可能形成音乐教学内容的素材、音乐理论、技能等。

二、音乐校本课程开发的挑战与意义

在我国长期的学校教育中，大部分教师都缺乏课程意识，依赖已有的课程制度。随着教育改革的推进，校本课程的概念逐步进入大众视野，人们才开始对校本课程有了一定的了解，但由于我国校本课程的开发起步较晚，尤其是音乐校本课程普及率低，人们对其认识并不充分，难免存在一定的片面性。另外，学校、教师和学生过分依赖教科书，这对校本课程的开发带来观念、制度层面上的阻力。将"教教材"变成"用教材教"则是传统思想与习惯向新思想的转变。而如何实现这种转变是一个大学问，也是教育工作的重难点。校本课程和教师素质与知识水平有着直接联系，需要教师综合技能的不断加强。加之当前校本课程开发中系统的规划理论指导和实践性研究相对匮乏，这就需要在校本课程的开发中，强化学校及教师的课程意识，促使他们以更为先进的理念和技术投入校本课程的开发，为校本课程的开发提供必要的保障。

校本课程的开发不是盲目和随意而为的，而是一项复杂而艰巨的技术性工作，离不开课程专家的指导。这是保证课程开发走向科学、规范、完善、发展的必要条件。但仅仅如此，远远不够，还需要校内外各方力量所给予的大力支持，如良好的校内沟通，给予教师足够的自由时间和空间；良好的计划组织，可用教育资源方面的信息，外部参照系统，课程理论与技术指导等，这些都是校本课程开发不可或缺的条件。

美国音乐教育学者在对纽约威廉弗洛伊德学区的音乐教育调研中认为，学校对音乐课程的削减是音乐教育的危机，"抵制为了缩减学校的预算而首先削减音乐课程项目与音乐教师的行为"。国家课程因其自身的特点与局限性，只能最大限度地实现普遍，而无法兼顾不同地区、不同学校的特殊性，更不可能照顾到学生的个体差异，也就无法有针对性地对学生进行学法指导。

音乐校本课程的开发就是为了弥补国家课程的欠缺。由此可见，校本课程对于学生乃至学校的发展是多么重要。因而，无论是学校还是教师，都应该认真对待校本课程的开发。

长期以来，我国中小学音乐教育，大多数教师都已习惯照搬别人编写的教材，甚至包括参考用书。这种不顾当地实际，枉顾学生实际的教学行为不仅不利于教学效果的提升，也影响教师专业能力的最大化发挥。而音乐校本课程的开发要求教师不仅会"教"书，还要会"编"书，能够根据地区特色及学生的实际水平，编写更具有针对性的教学用书。

意识是行为的先导，所以，校本课程的开发，首先，需要树立明确的课程意识。这一点应尤其引起学校及教师的重视。其次，需要具备校本课程开发的能力。只有二者兼而有之，才不至于使校本课程开发成为天方夜谭。而长久以来，按部就班地执行指令性的课程计划已成为常态，这种常态让人产生不需要具备多少课程意识和课程开发能力的错觉。加之当前个别学校还存在这样一种情况，即对教师的职前、职后教育，没有将课程知识作为培训内容，这些问题成为当前校本课程开发的瓶颈。

实践证明，加强校本课程的开发与实践是顺应时代发展的必然之举。对于校本课程的开发，既是对教师教学能力与素养的考验，也是新的教育形势给教师带来的挑战，更多的是对教师的激励，为教师专业化成长创造了条件，有助于教师教学能力和创新能力的自我提升。

开发校本课程是教育与时俱进、大胆创新的一项重要举措，是教育迎接未来挑战的一种回应，更是践行素质教育的应然之举，是开办特色学校、凸显地方教育特色的必然要求。校本课程的开发是贯彻落实国家教育方针的体现。对于学生来说，校本课程是在结合地方特色以及学生实际的基础上进行的，在此基础上所开发和建设的校本课程与学生的需求更为贴合，更能有效促进学生的全面发展。

这是因为，基于校本实际以及学生实际的课程，在课程目标的设置、教学内容的选择等方面，更加明确而有针对性，形式也更加多样，对于学生有着更大的吸引力，使学生学习的热情与积极性都得到更大程度的提高，使学生对于知识的理解和掌握更为牢固。与此同时，校本课程注重学生个性的发展，引导学生根据自身特点，灵活选择课程内容，在选择中激发个人潜能、发展个性。不仅如此，校本课程通过加强对学生信息采集和加工能力的锻炼，培养学生思维能力与知识的运用能力，促进学生在音乐课程的选择与学习的过程中，塑造健全的人格，实现综合能力的提升。这些正是音乐校本课程开发的意义所在。

三、课程开发的多元化价值取向

校本课程的开发是一项集科学性与技术性于一身的工作，其目的是在因材施教的基础上最大限度地挖掘学生的潜能。因而，课程的开发需要具备一定的价值取向。

（一）独特性

独特是个性的体现，与众不同是其魅力所在。只有拥有独特性的校本课程，才能体现出校本课程的真正价值。因而，独特性对校本课程来说意义重大。任何校本课程的开发都应该立足于学校，"以校为本"。一所学校能够在众多院校中脱颖而出，无不因为自己与众不同，因而在办学过程中，也是极力彰显特色。校本课程的开发为彰显学校特色提供了契机。所以，学校应该重视校本课程的开发，同时把独特性放在首位。这需要学校和教师对自身有着明确的定位，知道自己在能力及态度方面所达到的层次，进而体现到校本课程当中。

中小学音乐课程的独特性体现在课程目标上，主要有两个方面：一是学生感兴趣，有助于学生个性特长的发挥；二是最大限度地实现学生自主，促进学生全面发展。

音乐校本课程的独特性具体表现为：培养有良好艺术欣赏水平的青年群体及合格表演人才，使其具有健康的道德情操、良好的艺术鉴赏能力和创新精神，全面提高艺术人文素养。教师亦能在课程建设中实现专业化发展。

音乐校本课程在目标设置上也可参照国外的教学经验，基于学生更大的自主性，以开设选修课的形式，让学生根据自身情况自由选择课程。具体表述为：根据学生的不同专长和兴趣来开设音乐课程，以"学生自主选课、教师双向选择"的模式来进行教学，以丰富学生的音乐基础知识，培养学生对多元音乐文化的兴趣，提升学生的艺术感知体验和创造能力，升华学生的艺术鉴赏能力为目标。

（二）本土性

本土性是以地域性为特征的，是一定地域范围内的文化习俗、地域特色等共同作用、相互影响而成的，体现在思想意识、生活习惯等地区性差异方面。

对于普通音乐教育而言，《普通高中音乐课程标准（2017年版）》中提出了明确的要求："通过对我国优秀音乐作品的审美体验，增进学生对祖国音乐艺术的热爱，培养学生的社会责任感、民族精神和爱国主义情怀；学习了解不同国家的音乐传统及优秀的音乐作品，理解和尊重文化的多样性，使学生初步具有国际视野，有助于培养学生参与国际交往的能力。"

在文化融合以及信息化快速发展的进程中，外来文化对我国本土文化造成了很大的冲击。对于现代一部分人来说，他们更多地青睐外来文化，对外来文化表现出极大的兴趣和热情，而对于本土文化的态度则相对冷淡。对于学业繁重的中小学生而言，受高考制度的影响，他们学习压力较大，认为学习高于一切，如果有必要了解一定的文化，那么受外来文化影响的"快餐文化"就成为大多数学生的首选。这也就不难理解为什么大多数学生热衷于流行音乐了。这类音乐创作上较为随意，虽迎合了大众心理，盛极一时，却难逃被湮没在音乐河流中的宿命。而由本土文化糅合的音乐作品，却能经久不衰，成为传唱的经典。学生之所以追捧流行音乐，就是对本土文化缺乏深入的了解。

校本课程的开发，一方面要以国家课程为基础，以国家课程目标为准绳，贯彻落实国家的教育方针；另一方面还需要挖掘校本特色，作为对国家课程的有力补充，将课程目标重点聚焦到国家课程较少关注的领域。校本课程在目标设置的本土性方面要着力凸显地方及学校特色，重点反映地方文化传统。当然，校本课程和国家课程目标相补充的部分与国家课程目标还是需要统一的，两者无须划出严格界限。因此，中小学音乐校本课程的目标设置同样应该把关注点放在对地方音乐文化或是当地文化的传承上。

（三）合作性

合作体现的是团队协作，其作用在于优势互补，以达到效益的最大化。音乐教育中，合唱一直备受关注，更强调合作精神。众所周知，音乐是一项实践性较强的活动，只有在实践中才能获得艺术体验。实践是检验专业知识技能的重要途径，也是获得艺术表现能力的重要手段。实践的过程是音乐综合素养得到锻炼与提升的过程。它是将知识内化、情感融合，呈现蕴含积累的一种创造性的表现。在音乐实践中，合作扮演着极其重要的角色。这一点在合唱中展现得淋漓尽致。一部合唱作品不仅需要合唱成员内部的合作，也需要合唱成员与指挥的合作，更需要合唱成员与伴奏甚至舞蹈的协调。这都体现了"合作"的学习方式。

作为音乐校本课程，更应该将合作方放在突出位置，无论是课程的开发还是课程的实践，都要贯穿合作意识。校本课程要逐步改变艺术学习中所习惯的师传生受的学习模式，将机械的模仿转变为生动、自主的合作探讨，只有在实践的摸索中，学生才能掌握艺术的基本知识和技能，了解艺术的历史和文化内涵。

课程目标设置中的合作性在中学音乐校本课程中主要表现在以下两个方面：一是拓宽艺术学习途径，加强与校园文化的联系；二是以合作学习为主进行学习交流，帮助学生丰富艺术审美经验，开发多元智能、激发创造性思维、增强爱国主义精神、完善人格。

第二节　班级合唱课程教学目标和要点

合唱教学是中小学音乐课堂教学的重要组成部分，更是全面提高素质教育的重要途径。对于中小学生而言，合唱不仅可以引导他们步入丰富多彩的音乐世界，还能让他们得到情感的满足、美的熏陶。可以说，它既是中小学音乐教育的重要阵地，更是素质教育的广阔平台。

一、容桂小学班级合唱课程教学目标及要点

（一）总的目标

普及合唱教育，打造校园合唱文化，促进学生全面发展。

（二）分阶段目标

第一阶段（一、二年级）

（1）培养音乐兴趣和聆听习惯；养成良好的课堂行为习惯；学会身体的律动，学会听辨模仿不同的音高和节奏；了解基本音阶唱名和音高，了解音符和节奏的知识与技巧。

（2）参与律动游戏，感受音乐，打下音准、节奏、乐感方面的基础。

第二阶段（三、四年级）

（1）提高音准、节奏能力；学会辨别模唱不同的音程，模仿各种音符组成的节奏；学会视唱简单乐谱，学会配合伴奏完整演唱歌曲，初步学会演唱简单的二声部歌曲。

（2）参与唱谱练习、音准训练、欣赏聆听，参与完整的歌曲演唱、伴奏和表演，感受演唱和表演的乐趣，学习歌曲演唱的基本要领，懂得气息与歌唱的关系，懂得音准、节拍、伴奏在音乐中的重要地位。

第三阶段（五、六年级）

（1）提高音准、节奏、二声部演唱能力，强化二声部和声练习，学会以班级为单位的二声部合唱歌曲演唱。

（2）参与独唱、齐唱、合唱、乐器伴奏训练，参与完整的歌曲演唱、伴奏和表演，感受演唱或表演的乐趣，学会歌曲演唱的基本要领，懂得音准、节拍、伴奏等在音乐中的重要地位。

二、容桂小学班级合唱目标及要点

（一）低年级乐理知识

1. 学习目标

（1）培养学生的节奏感，树立学生的音高概念。

（2）加深学生对基本音级的认识。

（3）训练学生轻声模唱的习惯。

2. 学习内容

（1）学习以下乐理知识，节拍练习如图2-2-1所示。

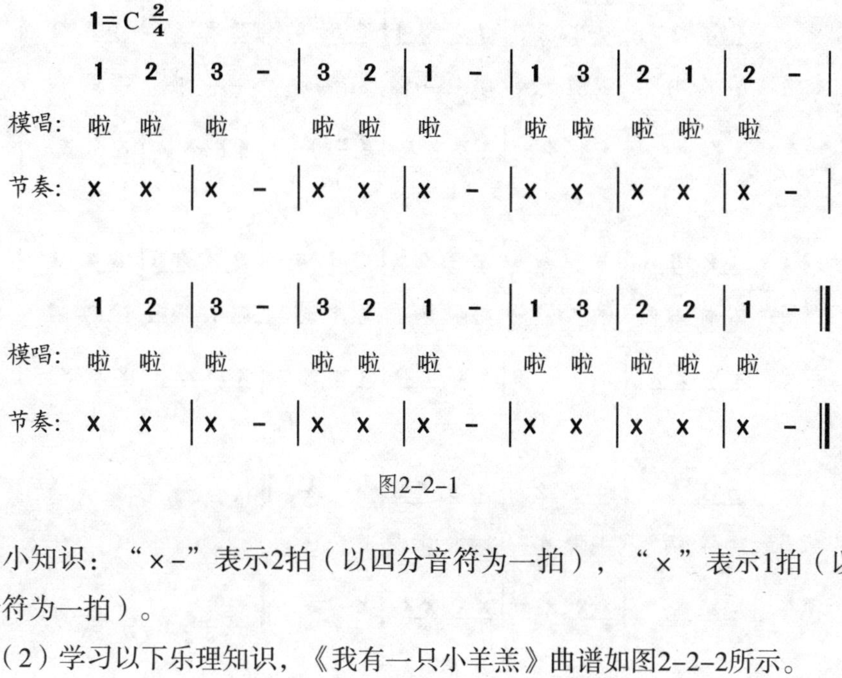

1=C 2/4

```
1   2  | 3  -  | 3  2  | 1  -  | 1  3  | 2  1  | 2  -  |
```
模唱： 啦 啦   啦   啦 啦   啦   啦 啦   啦 啦   啦

节奏： x   x | x - | x x | x - | x x | x x | x - |

```
1   2  | 3  -  | 3  2  | 1  -  | 1  3  | 2  2  | 1  -  ‖
```
模唱： 啦 啦   啦   啦 啦   啦   啦 啦   啦 啦   啦

节奏： x   x | x - | x x | x - | x x | x x | x - ‖

图2-2-1

小知识："x-"表示2拍（以四分音符为一拍），"x"表示1拍（以四分音符为一拍）。

（2）学习以下乐理知识，《我有一只小羊羔》曲谱如图2-2-2所示。

1=C 4/4

```
3  2  1  2 | 3  3  3  - | 2  2  2  - | 3  5  5  - |
```

模唱：啦　啦　啦　啦　啦　啦　啦　　　啦　啦　啦　　　啦　啦　啦

节奏：x　x　x　x | x　x　x　- | x　x　x　- | x　x　x　- |

```
3  2  1  2 | 3  3  3  - | 2  2  2  2 | 1  -  -  - ‖
```

模唱：啦　啦　啦　啦　啦　啦　啦　　　啦　啦　啦　啦　啦

节奏：x　x　x　x | x　x　x　- | x　x　x　x | x　-　-　- ‖

图2-2-2

小知识："×---"表示4拍（以四分音符为一拍）。

（3）学习以下乐理知识，《划船歌》曲谱如图2-2-3所示，《小星星》曲谱如图2-2-4所示。

划船歌

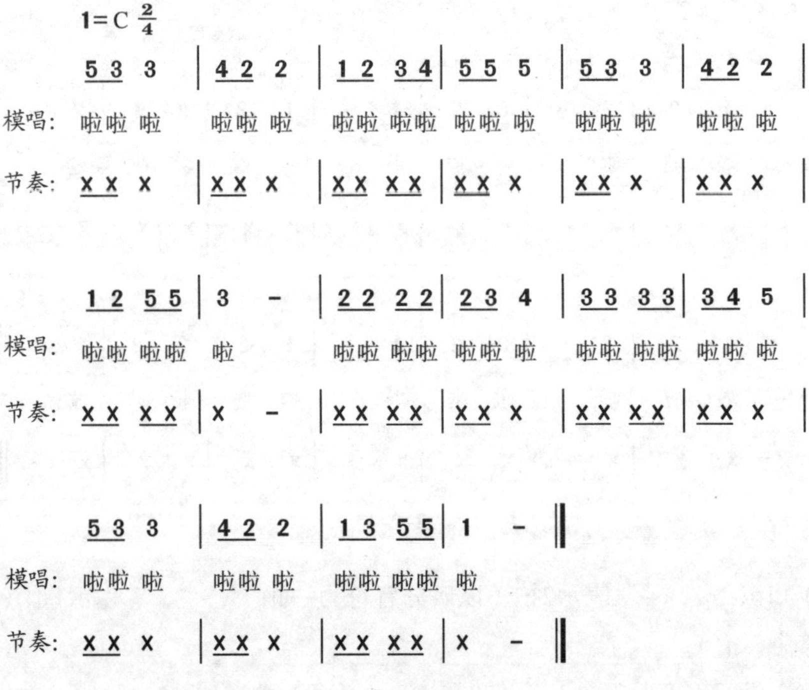

1=C 2/4

```
5 3 3 | 4 2 2 | 1 2 3 4 | 5 5 5 | 5 3 3 | 4 2 2 |
```

模唱：啦啦 啦　啦啦 啦　啦啦 啦啦　啦啦 啦　啦啦 啦　啦啦 啦

节奏：x x x | x x x | x x x x | x x x | x x x | x x x |

```
1 2 5 5 | 3  - | 2 2 2 2 | 2 3 4 | 3 3 3 3 | 3 4 5 |
```

模唱：啦啦 啦啦　啦　　　啦啦 啦啦　啦啦 啦　啦啦 啦啦　啦啦 啦

节奏：x x x x | x - | x x x x | x x x | x x x x | x x x |

```
5 3 3 | 4 2 2 | 1 3 5 5 | 1  - ‖
```

模唱：啦啦 啦　啦啦 啦　啦啦 啦啦 啦

节奏：x x x | x x x | x x x x | x - ‖

图2-2-3

小星星

$1=C$ $\frac{2}{4}$

| 1 | 1 | 5 | 5 | 6 | 6 | 5 | - | 4 | 4 | 3 | 3 | 2 | 2 | 1 | - |

模唱: 啦 啦 啦 啦 啦 啦 啦 　　 啦 啦 啦 啦 啦 啦 啦

节奏: × × | × × | × × | × - | × × | × × | × × | × - |

| 5 | 5 | 4 | 4 | 3 | 3 | 2 | - | 5 | 5 | 4 | 4 | 3 | 3 | 2 | - |

模唱: 啦 啦 啦 啦 啦 啦 啦 　　 啦 啦 啦 啦 啦 啦 啦

节奏: × × | × × | × × | × - | × × | × × | × × | × - |

模唱: 1 1 | 5 5 | 6 6 | 5 - | 4 4 | 3 3 | 2 2 | 1 - |

啦 啦 啦 啦 啦 啦 啦 　　 啦 啦 啦 啦 啦 啦 啦

节奏: × × | × × | × × | × - | × × | × × | × × | × - |

图2-2-4

小知识：① "×" 表示1/2拍（以四分音符为一拍）。②1，2，3，4，5为唱名，即do，re，mi，fa，sol；C，D，E，F，G为音名。

（二）中年级乐理知识

1. 学习目标

（1）认识七个基本音级的音名、唱名。

（2）加深对节奏的认识。

（3）训练学生有表情地演唱。

2. 学习内容

（1）音的强弱。（强用"f"表示，弱用"P"表示）

（2）按照一定的规律组织起来的音的长短关系叫作"节奏"。人们把它称为音乐的骨架，它是音乐的三大要素中处于第一位的要素，而后才是旋律、和声。

（3）节拍是指带重音和不带重音的同样时间片段（拍）按照一定的次序循环重复。拍子是节拍的集中表现，它包括每个小节有多少拍以及强弱交替的规律。

（4）拍号即拍子的记号，它是以分数形式标记的。分子表示每小节有几拍，分母表示以什么音符为一拍的时值。例如，2/4表示以四分音符为一拍，每小节两拍。拍号的读法是先读分母再读分子，2/4读作"四二拍"。

（5）常用单纯音符与休止符的时值标记法见表2-2-1。

表2-2-1

音符名称	休止符名称	时值以四分音符为一拍
全音符	全休止符	4拍
5---	0 0 0 0	
二分音符	二分休止符	2拍
5-	0 0	
四分音符	四分休止符	1拍
5	0	
八分音符	八分休止符	拍
5	0	
十六分音符	十六分休止符	拍
5	0	
三十二分音符	三十二分休止符	拍
5	0	

注：记在音符后面的横线称为增时线，记在音符下面的横线称为减时线。

（6）常用记号。

① 连线记号"⌒"，当它记在两个（或几个）音高相同的音符上时，称延音线。

例：5 - │ 5 - ▌表示"5"的时值为4拍。

当它记在不同音高的音符上时，称为圆滑线。

例：5653 2 │ 1216 5 │表示要唱得连贯，中间不得换气。

② 渐强记号"＜"，渐弱记号"＞"。

③ 重音记号"＞"，记在个别音上，表示该音唱得强一些。

（7）视唱节奏训练。

① 1=C4/4《丰收歌》视唱节奏训练如图2-2-5所示。

丰收歌

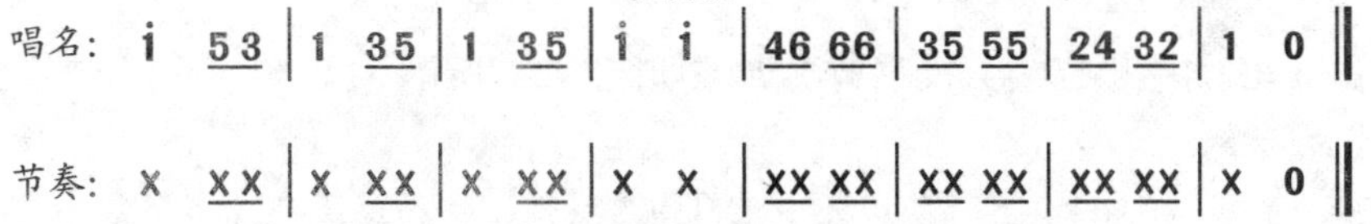

唱名： i 53 | 1 35 | 1 35 | i i | 46 66 | 35 55 | 24 32 | 1 0 ‖

节奏： x xx | x xx | x xx | x x | xx xx | xx xx | xx xx | x 0 ‖

图2-2-5

知识点：2/4拍的强弱关系为强、弱，即每个小节。

② 1=C3/4《雪绒花》视唱节奏训练如图2-2-6所示。

雪绒花

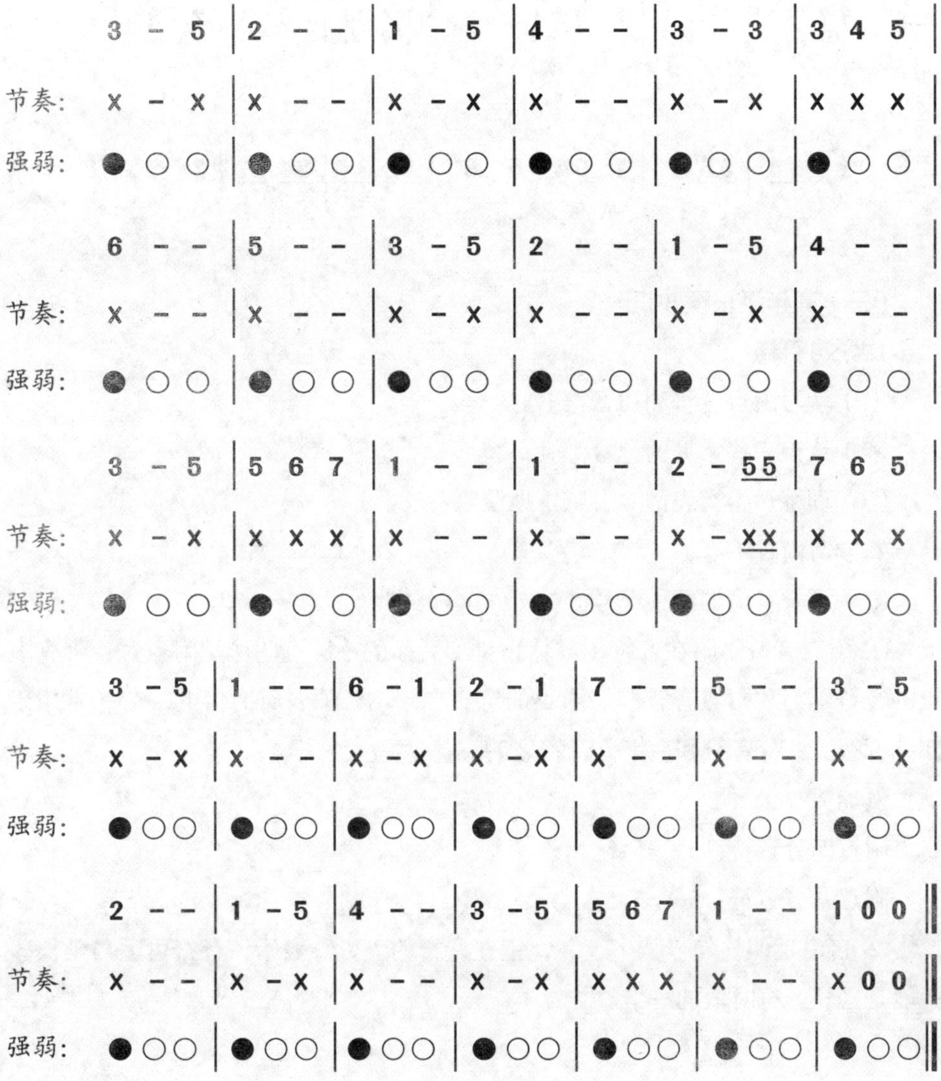

3 — 5 | 2 — — | 1 — 5 | 4 — — | 3 — 3 | 3 4 5 |

节奏： x — x | x — — | x — x | x — — | x — x | x x x |

强弱： ●○○ | ●○○ | ●○○ | ●○○ | ●○○ | ●○○ |

6 — — | 5 — — | 3 — 5 | 2 — — | 1 — 5 | 4 — — |

节奏： x — — | x — — | x — x | x — — | x — x | x — — |

强弱： ●○○ | ●○○ | ●○○ | ●○○ | ●○○ | ●○○ |

3 — 5 | 5 6 7 | 1 — — | 1 — — | 2 — 55 | 7 6 5 |

节奏： x — x | x x x | x — — | x — — | x — xx | x x x |

强弱： ●○○ | ●○○ | ●○○ | ●○○ | ●○○ | ●○○ |

3 — 5 | 1 — — | 6 — 1 | 2 — 1 | 7 — — | 5 — — | 3 — 5 |

节奏： x — x | x — — | x — x | x — x | x — — | x — — | x — x |

强弱： ●○○ | ●○○ | ●○○ | ●○○ | ●○○ | ●○○ | ●○○ |

2 — — | 1 — 5 | 4 — — | 3 — 5 | 5 6 7 | 1 — — | 1 0 0 ‖

节奏： x — — | x — x | x — — | x — x | x x x | x — — | x 0 0 ‖

强弱： ●○○ | ●○○ | ●○○ | ●○○ | ●○○ | ●○○ | ●○○ ‖

图2-2-6

3/4拍的强弱关系为强、弱、弱，即 | ● ○ ○ |。

③ 1=C2/4《小红帽》视唱节奏训练如图2-2-7所示。

小红帽

音名：　<u>12</u> <u>34</u> | 5 <u>31</u> | 1 <u>64</u> | <u>55</u> 3 | <u>12</u> <u>34</u> | <u>53</u> <u>21</u> | 2 3 | 2 5 |

音名：　<u>12</u> <u>34</u> | 5 <u>31</u> | 1 <u>64</u> | 5 3 | <u>12</u> <u>34</u> | <u>53</u> <u>21</u> | 2 3 | 1 1 |

音名：　i̇ <u>64</u> | <u>55</u> 1 | i̇ <u>64</u> | 5 3 | <u>12</u> <u>34</u> | <u>54</u> <u>21</u> | 2 3 | 1 1 ‖

图2-2-7

（三）高年级乐理知识

1.学习目标

（1）学习附点音符和切音符。

（2）认识一些常见的记号。

（3）训练学生有表情、有感情地演唱。

2.学习内容

（1）增长音值的两种记号。

① 附点音符。附在音符（或休止符）后面的小圆点叫作"附点"，带有附点的音符称为"附点音符"。附点的意义在于增长原音符时值的一半，常用于四分音符、八分音符和六十分音符之后。

例如：

附点四分音符：5 · =5+5

附点八分音符：5 · =5+5

② 自由延伸长句号" ⌢ "，记在音符的上方，表示该音符可适当延长，一般是延长音符时值的一倍。

（2）常用拍子的划拍图如图2-2-8所示。

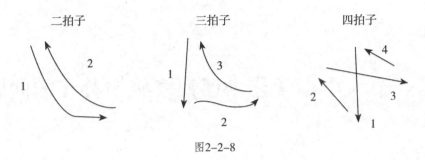

二拍子　　　　　　三拍子　　　　　　四拍子

图2-2-8

（3）常用记号。

省略记号：

①反复记号‖：　：‖表示记号内的部分要重复一遍。

②反复跳越记号—1—：‖—2—‖表示重复时省略跳过1唱2。

③从头反复记号D.C表示从头反复至Fine或Ⅱ（终止）处结束。

④ 从记号处反复记号D.S表示从记号"𝄋"处反复至Fine或Ⅱ（终止）处结束。

变音记号：

升记号"♯"，表示升高一个半音，"♭"表示降低一个半音。

还原记号"♮"。

力度记号：

f（强）mf（中强）ff（很强）fff（最强）；

p（弱）pp（很弱）mp（中弱）。

第三节 中小学艺术课程实施中存在的问题

随着我国社会经济和教育事业的蓬勃发展，特别是随着素质教育的不断向前推进，近年来，我国中小学艺术教育也取得了有目共睹的成绩。主要包括：随着美育被正式写进教育方针，艺术教育在中小学教育中的地位得到显著加强；各级教育行政部门初步建立起中小学艺术教育的管理、咨询、教研机构，改变了过去一直无专门机构和专人管理艺术教育的自发状态；制定了一系列指导中小学艺术教育教学工作的法规和文件，改变了艺术教育无法可依的涣散局面；中小学艺术课程开课率稳步上升，改变了艺术教育长期存在着大面积空白的状况；涌现出一大批中小学优秀艺术教师，师资队伍建设初见成效；引进了多种国外著名艺术教学法，教学水平有了明显提高；开展了一系列丰富多彩的课外校外艺术活动，有效地推动了整个学校艺术教育事业的发展。此外，艺术课程教材建设、教学器材配备以及艺术教育科研等方面也取得了许多成果。这些成绩的取得为我国艺术教育事业的进一步改革和发展奠定了坚实的基础。与此同时，我们应清醒地认识到，艺术教育所取得的上述成绩更多的还是体现在形式和外在方面。目前我国中小学艺术教育依然存在诸多内在的问题，正是这些问题的存在，严重影响了艺术教育事业的进一步发展，特别是导致艺术教育难以适应素质教育的要求，在培养学生创新精神和实践能力方面难以发挥艺术教育所特有的作用。

一、艺术课程

《义务教育艺术课程标准（2011年版）》中对艺术课程的定义是这样的：艺术课程是一门综合课程，它继承和发扬了中华民族诗、歌、舞、画一体的"乐教"传统，促进了学生艺术能力和人文素养的综合发展，对社会主义精神文明建设具有重要意义。艺术课程是一门集音乐、美术、喜剧、舞蹈、影视等艺术门类于一身的课程，具有人文性、综合性、创造性、愉悦性、经典性。

"综合艺术课程是在改革中诞生的新型课程，它按照新课程的理念，强调艺术教育的创新精神，打破传统艺术分科的界限，在艺术学习和艺术实践中，注重音乐、美术、戏剧、舞蹈、影视等不同艺术门类之间的融合，以及艺术领域与其他非艺术领域的融合，知识技能与人文主题的综合，艺术与生活、情感、文化和科学的关联，最终达到培养学生艺术能力与人文素养整合发展的目的。"艺术课程是一种以综合为特征，以发展学生的艺术能力和人文素养为目的的课程。总之，艺术课程并不是各门艺术学科科目的相加，而是从综合的角度出发，通过对学生各种能力与综合素养产生直接或间接的影响，培养和发展学生多方面的艺术能力，从而促进学生全面发展。

二、艺术课程实施过程中存在的问题

（一）校长的作用发挥不佳

校长是一所学校的领导者，是一所学校的核心人物。校长需要协调学校以上层面的关系和学校内部层面的关系。学校以上层面的关系包括国家、当地政府、教育行政部门等的关系。学校内部层面的关系包括教师、学生等的关系。校长只有处理好各因素之间的关系，才能为学校的改革与发展奠定基础。在对校长关于艺术课程实施态度的调查中，大部分校长表示出中立的看法，不支持，但也不反对。也许是因为实施过程中的一些阻碍因素才导致校长持中立观点。但这样的想法和态度不能进一步推进课程的实施，当然也就会缺少学校对课程的投入，从而降低教师的热情、效能。因此，要想加快课程的推广与实施，必须加强校长对艺术课程认知的培训。只有使校长充分地了解艺术课程的特点及理念，才能使校长抱着积极的态度去管理课程，监督课程的实施情况。

（二）教师专业素养欠缺

1. 教师对艺术课程及其实施的认知不足

（1）艺术课程教师对艺术课程的认知有待加深。对于艺术课程来说，我们需要的是具有多方面艺术才能的教师以及具有较高人文素养的教师。从目前从事艺术课程教学的教师的学科背景来看，都是由具有音乐、美术教师学科背景的教师来担任。这就给这些教师于无形中增加了巨大的压力和负担，对于已从事多年的美术、音乐课教学的教师来说，他们很难在短时间内增长多门学科的知识。所以可在人才培养方案中的必修课和选修课上做一下调整，从而使学生毕业的时候在不失去本学科知识背景的前提下，又多了其他艺术学科知识的储备和积累。这样既可以满足音乐、美术课程对教师能力的要求，又可以满足艺术课程对教师知识结构的需求，取中间点，走折中路线，也不失为一个好办法。

关于艺术课程教师的在职培训问题也是不容忽视的。在高等师范学校人才培养与艺术课程改革还没有衔接好的时候，最好的办法就是对现有的音乐、美术教师进行艺术课程培训，其中包括对课标的培训、教学理念的培训、多学科艺术知识的培训。就现在对艺术课程教师的培训而言，存在缺乏培训机制和体制的建立，没有一个长远的、完善的计划，又没有专项资金的投入，三天打鱼，两天晒网，不能发挥教师培训的良好效果的现象。同时在培训的过程中，培训的内容是否全面，做培训的教师能力和水平是否达到标准，都有待考查。

（2）艺术课程教师对艺术课程标准的理解有误。艺术课程的综合性特征是有别于其他学科的典型特征，需要教师透彻地理解"综合"的意义所在。有的艺术课程教师简单地将课程中的"综合"理解为音乐、美术、舞蹈、戏剧等多门艺术学科知识的综合，就是培养学生掌握多门艺术学科的知识和技能。这其实是对艺术课程"综合性"特征的一种误解。艺术课程从传统的分科教学转向多门类艺术学科的沟通和融合，这一过程所强调的是不同艺术门类、不同学科之间的一种连接与相互的沟通和渗透，不是简单地"叠加"或者"拼盘"。有些教师往往没有真正理解"综合"的含义，在一堂艺术课上一会儿唱歌，一会儿跳舞，一会儿画画，一会儿表演，整节课抓不住重点，让学生觉得很累，教师也力不从心。

在一堂艺术课中，我们没有注意教师是如何利用艺术学科间的联系进行各学科知识的转换学习的，只看到在一堂艺术课上有多种艺术形式，还有多种艺术学科知识和技能的掌握，这根本就不是艺术课"综合"的目的所在。在艺术课中，教师可以选择不同的侧重点去引领学生进行艺术学习和探索，可以侧重于一个艺术门类的学习，从而达到与其他艺术门类的综合。或者教师选择多个艺术门类的兼容互通，甚至可以打破学科的界限，围绕艺术课程的内容，与非艺术学科连接，进行更广泛的综合。在艺术课的课堂上所要培养的是学生综合运用多种艺术知识去欣赏一件艺术作品，是在音乐、美术、戏剧、舞蹈等多种艺术形式的自然、有机地结合和转换中，掌握最基本的知识和技能，去进行艺术通感的体验，建构审美心理。

教师对艺术课"综合性"特征的误解，直接导致艺术课程教师教学的自信心不足。有些教师认为自己除了本专业学科知识的背景，不具备其他几门学科的专业知识和技能，不能够很好地完成艺术课的教学，这也是导致艺术课程教师在教学中有畏难情绪的直接原因。艺术课不是要求教师在多种艺术形式的知识和技能方面达到多高的要求，而是需要教师有发现艺术学科之间的内在联系的能力，能够发现多种艺术形式之间共性的问题。只有这样，我们才能在艺术课中培养学生的艺术通感，培养学生能够运用多种知识欣赏和发现同一件作品背后所隐藏的深刻内涵。

2. 教师的知识结构不能满足艺术课程实施的要求

艺术课程教师的知识结构一直困扰着每一位教师，艺术课程教师由于学科的限制，在学校上学期间并没有对其他相关的艺术学科多加了解，导致在从事艺术课教学的过程中有些吃力，不能达到"综合"的目的，课上对本学科知识以外的内容只能给学生做表面上的介绍，甚至是一笔带过，担心自己的不专业会带给学生错误的引导。因此，艺术课程教师应当利用业余时间去汲取本学科以外的其他艺术学科的知识。对音乐、美术、戏剧、舞蹈四门学科的内容的掌握样样不能少，这不是需要教师有多么扎实的技术背景，而是一定要将课程所要求的内容准确、详细地教给学生。有一句话叫"授人一杯水，自己得有一桶水"，也就是说，我们无论传授给学生哪一门学科的知识，都要有扎实的知识，这样才能更好地满足教学的需求。因此，对教师知识结构的再丰富是目前亟待解决的问题。否则，艺术课就不能达到真正的综合，也不能体现出艺术课综合的特性所在。

（三）艺术课程实施运行机制不健全

1. 艺术课程实施的保障不完善

改革必然会给地方带来压力，而改革的成功与否在很大程度上取决于国家为改革所建立的支持系统和保障机制。这种保障机制包括对教师、学校以及地方的保障与支持。在课程改革的准备阶段到课程改革的启动阶段，无论是中央还是地方政府，都应该有相应保障体制的建立，从教育行业到社会各方面，充分宣传改革的目的与意义，并且为实验区的学校、教师建立一整套的鼓励与奖励机制，增强学校、教师实施艺术课程的信心。

保障机制包括经费的投入、校长的培训、教师的培训、学校的硬件设施投入等，这都需要有一整套从上而下的保障机制，这样才能更好地实现艺术课程的全面推广与实施。而就目前来看，艺术课程恰恰缺少一些政策、管理机制、保障机制的跟进，这一因素直接阻碍了艺术课程的实施进程。

一方面，艺术课程的课程性质要求教师具有美术、音乐、舞蹈、戏剧等多种知识结构，甚至比这些还要多。从我国现在教师培养的模式来看，在高等师范学校只有音乐、美术、舞蹈三个专业的教师培养，由于每个学科都有其对学生的培养计划，还都不能兼顾四个学科，因此，从师资培养上就出现了与中小学艺术课教师需求脱节的现象，这在很大程度上就阻碍了艺术课程前进的步伐。

另一方面，在课时的设置上，就目前来看，需要教育行政部门进行统一规划。学校和教师都更加愿意选择已经成熟的、而且在教学过程中更得心应手的课程来教学，一定不愿意选择一门全新的，还在摸索进行中的课程来进行教学，这种畏难情绪也是阻碍艺术课程实施的一个重要因素。

2. 课程实施组织管理乏力

从目前艺术课程实施的情况来看，缺少一个从中央到地方的组织机构进行管理。从教研员的设立上就能看出来，虽然推出了新课程，但是还没有设立专门的艺术课程教研员的岗位，都是由音乐或者美术的教研员来兼任艺术课程教研员。这不仅增加了其他教研员的工作难度，在某种程度上也削弱了他们对艺术课程的兴趣。

（1）保障艺术课程实施的硬件设备缺乏。教学的设施包括硬件设施和教学所需要的配套资源等，从相关调查结果来看，少部分学校有专门的艺术课教室，而大部分学校是不具备艺术课专用教室的。这和学校的整体发展水平有极大的关系，如果学校的整体硬件投入较大，那么在能够保证正常教学的情况下，也能给予艺术资源方面大的投入。但如果学校处于农村或者郊区，那么学校整体的硬件设施也将有所降低。从目前来看，一般处于市级或者县级以上的学校都有多媒体教学设备、钢琴或者电钢琴、美术所用的临摹的石膏像等艺课所用的教学用具，而一些县级以下的农村学校就不具备这些设备，可能只有一些挂图和音像资料，对于视频资料的使用有一定的困难。

艺术课从长远的发展角度来讲，不能忽视农村这块阵地，农村的中小学在学校硬件设施发展比较落后的情况下，更需要艺术课程。农村的艺术学科教师的资源比较缺乏，有些学校是音乐老师兼上美术课程，还有的是语文老师、数学老师兼上音乐、美术课，在这样的前提下更加需要课程资源的整合。通过一门课程来进行多门艺术学科知识的学习，在加强学生人文素养培养的同时，提高了学生艺术综合能力的培养。相关教育部门在艺术课程资源的投入上应当加大力度和广度，在城市教学条件较好的地区进行艺术课专用教室的建立，打破原来的学生双手背后，腰板挺直，教师在前面讲，学生竖着耳朵听的模式，使艺术课程更接近生活，在轻松、愉悦的游戏氛围中开展教学，增强学生的艺术体验以及帮助学生建构审美心理。

（2）辅助艺术课程实施的配套资源匮乏。课程实施资源涵盖社会、学校、社区以及家庭，但就当前的实际情况来看，主要还是学校现有资源对课程实施的作用最为明显。由于艺术课程的特殊性质，在教学中有大量的教学内容需要学生进行欣赏，在视觉上对学生有所冲击，因此就需要学校配备多媒体来展开教学。数字化、先进的教学设备的投入也能够激发学生学习的兴趣。从目前与一些教师的访谈中我们发现，县级以上的一些学校能够有多媒体教学设备的投入，但也不是每个班级都有多媒体设备。而一些农村学校是没有的，甚至是一所学校只有一台多媒体教学仪器，而且艺术课程教师是没有机会使用的，可能只是在做公开课的时候才能用上一次。这在某种程度上大大减少了学生对艺术课程内容在视觉上欣赏的机会，降低了审美感受，激发不了学生的学习兴趣，也不能将课程内容生动地展示给学生。在教材的配套资源上，相关部门应当加大投入，从视觉、听觉方面多增设课件与课例，来满足不同地区、不同学校的使用需求，也能给教师多一些参考，减轻备课的压力。因此，国家应加大资金投入，在教学资源的配备上多投入，才能使艺术课程收获理想的效果。

第四节 合唱课程内容的设置与实施保障建议

一、以素质教育为目标的合唱课程内容

不同于一般的艺术，合唱的综合性更强。合唱不仅涉及基本的乐理、发声方法、和声曲式，而且格外重视视听练耳的训练。不仅如此，不同时期、不同风格的作品欣赏和演绎等也是合唱所涉及的内容。合唱课程的设置目的在于巩固学生基本的乐理知识，提升学生的艺术素养。因而，在内容的设置上需要做到尽可能全面而丰富。在这里，笔者主要介绍合唱课程中几个较为常见的内容。

（一）合唱赏析

赏析是奠定艺术素养的基础，合唱赏析模块主要有三个部分，即合唱的起源与历史、合唱的种类与形式、合唱的发展趋势。合唱赏析有助于学生对合唱形成一个相对来说较为清晰的认识，让学生了解合唱的历史形式和种类、最新流行趋势等知识。基于以上合唱课程的内容，合唱指导教师还可以根据学校实际，有选择地让学生观看视频，有条件的还可以参加合唱比赛或是观摩优秀的合唱演出，通过现场表演，让学生感受合唱艺术的魅力。一方面，让学生在震撼中增加对合唱的热爱；另一方面，开阔学生的艺术视野，使学生增长见识，促使学生对合唱艺术有更进一步的认识，从而使学生树立正确的合唱音响观，提高学生合唱审美水平。由此可见，兴趣是最好的老师，合唱赏析最大的作用便在于调动学生学习合唱的积极性，因而可以认为，合唱赏析是合唱课程其他内容开展的基础，对提升合唱教学的效果有着举足轻重的作用。

（二）基础乐理

一个不懂乐理的人，在声乐艺术之路上将举步维艰。乐理对于合唱艺术至关重要，它不仅是开启声乐艺术的钥匙，更是通向声乐艺术之巅的基石。基础乐理这一模块的设置是为学生的音乐素养奠基，是学生掌握音乐专业知识的基础课程。合唱课程中基础乐理内容的设置是让学生积累最基本的音乐知识。"千里之行，始于足下"，没有点滴的积累，一切愿景都是空想。因而，合唱教学应该注重基础乐理，从音高、节奏开始到音乐记谱法、节拍、节奏、音程、和弦、调式等要素的学习，使学生初步掌握基本的识谱能力，并更好地感受音乐、理解音乐。

（三）视唱练耳

声乐存在的价值就在于其能够带给人们听觉上的享受。因而，"听"是合唱艺术的原始性特征之一。任何美妙的音乐，如若失去了听的需求，则同时就失去了存在的意义。因而，听是展现音乐价值的先决条件。视唱练耳便是基于音乐的"听"这一属性，让学生在唱与听中，加强对音高音准、节拍节奏、和弦音色、调式调性、速度力度等的训练，培养学生的听觉能力和音乐记忆能力，提高学生识谱视唱的能力，让学生积累丰富的音乐语汇，建立良好的音乐听觉，并将其运用到合唱表演与实践中去，为学生课后独立处理合唱作品、演绎好合唱作品打下良好的基础。

（四）合唱排练

音乐效果的表达以及音乐艺术水平的提升离不开演唱排练，排练可作为艺术实践的重要环节。合唱排练是合唱课程的一项重要内容。合唱排练的内容涉及合唱发声技巧的训练、和弦进行听觉的训练、多声部配合的训练以及合唱作品的演唱等。

对于合唱排练的环节，需要合唱教师进行系统的综合性指导，引导学生了解有关合唱的各类知识，如视唱、和声、曲式语言、身体律动等，不仅教会学生合唱的技巧，更重要的是引导学生明白倾听和配合对于合唱的重要性，教会学生通过自身的感受和体验，感受不同类型音乐的情感美、旋律美以及声部间的和谐美、音色美，让学生在不同风格作品的演唱中，感受不同音乐作品的魅力，通过自身真实而深刻的体会，提高合唱演唱能力。

以上四项合唱课程内容相互联系、相辅相成，任何模块的缺失都会导致合唱教学的不完整。不同的模块在各自内容的设置上应突出教学特色。而对于每一阶段的合唱教学，其课程内容模块不变，侧重点及难易程度不同，对于合唱基础班，重在打好基础，因而课程内容以前三个模块为主，排练内容以基础气息发声等为主。因学生基础较差，故而在作品的安排上以简单二部为主，一学期排练一首即可。对于水平居于中间层次的合唱团预备班，因已具备一定的声乐素养，故而课程内容侧重于后三个模块，而且排练作品的难易度应高于基础班。排练次数增至一学期两首。对于较高水平的正式合唱团，基础声乐素养以及声乐基础普遍较高，因而，课程内容的设置侧重于合唱排练。每学期各班统一做合唱教学汇报演出，也可与外校合唱团交流演出，既给学生提供了艺术实践机会，也丰富了校园文化。

二、课程实施保障

（一）合理安排课时

声乐的学习是一个长期的过程，要达到较高的合唱水平，就需要持续不断地学习与练习。课时便是一种对学习时间的具体统计，是教学的时间单位。任何一项教学活动的开展，都需要一定的时间与之相适应，这是教与学最基本的要求。可以说，课时是课程实施的基础。因而，对于需要长期坚持的合唱教学来说，更需要得到充足的时间保证。这体现在课程设置上，便是课时安排需要具有科学性、合理性，尤其是校本课程的实施，更应如此。

就以容桂小学合唱教学为例，教师非常注重学生的分层教学，合唱课中每个阶段的学生都能有所收获，四至六年级合唱教学课程安排见表2-4-1。对于合唱教学课程的安排，需要给予基础乐理的学习、视唱练耳及排练等足够的时间，让学生对所学知识更好地吸收与消化。此外，还要留一部分时间用于测评，以评价学生学习的效果。测评的形式是多样化的，没有固定的限制。除了需要最大限度地考核学生自身能力与水平，还需要考查学生的团队协作能力以及其他方面的能力，如辨音、模仿能力，还有对所唱作品要素及人文内涵的了解程度。学生需要将其内化为自身情感。

表2-4-1

年级	授课时间	歌曲	风格或地域	音乐知识	所用课时
四年级上册	第2周	《大家来唱》	意大利威尼斯民歌	体验表现三拍子歌曲晃动的感觉	1课时
	第4周	《愉快的梦》	日本儿童歌曲	延音线旋律的进行（上行和下行），6/8拍的含义及强弱规律	2课时
	第6周	《月亮月光光》	中国台湾童谣	掌握弱起节奏的特点、作用	2课时
	第8周	《让我们荡起双桨》	儿童歌曲	旋律的进行（波浪形进行）	2课时
	第10周	《阳光牵着我的手》	领唱形式的童声合唱曲	强调音准和声音的和谐度	1课时
	第12周	《顺德好》	广东顺德民歌	后倚音	1课时
	第14周	《南方有条醉人的河》	混声合唱歌曲	倚音颤音	2课时
	第16周	《村居》	充满生机的古韵合唱曲	强调声音的和谐度	1课时
	第18周	《红豆词》	古韵风格	强调声部之间的和谐度	1课时
	第20周	《咏柳》	古韵风格	强调声部之间的和谐度	1课时
	第22周	《小儿垂钓》	古韵风格	强调声部之间的和谐度	1课时
四年级下册	第2周	《小螺号》	抒发少年儿童热爱生活之情的歌曲	掌握波音上滑音的演唱方法	1课时
	第4周	《白桦林好地方》	加拿大歌曲	掌握"f""mp"在歌曲中的演唱	2课时
	第6周	《红蜻蜓》	日本风格歌曲	强调声部之间的和谐度	1课时
	第8周	《冬夜静悄悄》	优美抒情的儿童歌曲	弱起乐句的演唱，声音的控制	1课时
	第10周	《氹氹转》	广东童谣	强调音准，歌词的发音	2课时

续 表

年级	授课时间	歌曲	风格或地域	音乐知识	所用课时
四年级下册	第12周	《香香甜甜同庆丰收年》	顺德民歌/顺德童谣	强调音准，歌词的发音	2课时
	第14周	《春晓》	古韵风格	认识反复记号	1课时
	第16周	《春日》	古韵风格	强调声部之间的和谐度	1课时
	第18周	《江南春·波渺渺》	古韵风格	强调声部之间的和谐度	1课时
	第20周	《清明》	古韵风格	强调声部之间的和谐度	1课时
五年级上册	第2周	《小纸船的梦》	抒情优美的歌曲	二部合唱的音准、和谐，填词的多音字	2课时
	第4周	《送别》	恋故伤别的感情歌曲	准确把握歌曲音准节奏	1课时
	第6周	《萤火虫》	优美抒情的歌曲	唱准歌曲《萤火虫》中的弱起、大跳，基本把握歌曲的风格	2课时
	第8周	《小小的船》	儿童歌曲	体验三四拍子的特点	1课时
	第10周	《榕树爷爷》	二声部合唱歌曲	准确地唱出附点、休止符等节奏，唱准大跳、小跳音程，感受多种音乐元素刻画的音乐形象	2课时
	第12周	《铃儿响叮当》	曲调流畅、情绪欢快的美国歌曲	1.用轻巧、欢快的声音来准确表现歌曲 2."我们欢笑又歌唱"弱起，"叮叮当"节奏的准确演唱	1课时
	第14周	《七色光之歌》	少儿合唱歌曲	掌握切分节奏并运用在歌曲中	1课时
	第16周	《顺德新儿歌》	顺德儿歌	节奏性的掌握	2课时
	第17周	《百行孝为先》	顺德民歌	上滑音、下滑音	2课时
	第18周	《忆江南》	古韵风格	二部合唱的音准、和谐	1课时
	第19周	《游子吟》	古韵风格	强调声部之间的和谐度	1课时
	第20周	《小池》	古韵风格	强调声部之间的和谐度	1课时
	第22周	《望庐山瀑布》	古韵风格	二部合唱的音准、和谐	1课时

续 表

年级	授课时间	歌曲	风格或地域	音乐知识	所用课时
五年级下册	第2周	《小鸟小鸟》	欢快的	6/8拍弱起小节的节奏练习及旋律演唱	1课时
	第4周	《春雨蒙蒙地下》	动听优美的歌曲	注意掌握歌曲的弱起节奏与换气	1课时
	第6周	《田野在呼唤》	活泼欢快的歌曲	二声部合唱时的声部间平衡，弱起位置的附点节奏	1课时
	第8周	《迷人的火塘》	少数民族音调风格	切分音	2课时
	第10周	《小白船》	朝鲜族歌曲	掌握三拍子的特点	2课时
	第12周	《真善美的小世界》	欢快的儿童歌曲	能辨别2/4拍的拍子，并知道2/4拍的强弱规律	1课时
	第14周	《嫁女歌》	顺德民歌	掌握咸水歌的特点	2课时
	第14周	《八音锣鼓柜》	八音锣鼓	掌握八音锣鼓的节奏	1课时
	第16周	《阳光曲·中秋月》	古韵风格	强调声部之间的和谐度	1课时
	第18周	《竹石》	古韵风格	强调声部之间的和谐度	1课时
	第20周	《回乡偶书》	古韵风格	强调声部之间的和谐度	1课时
	第22周	《登鹳雀楼》	古韵风格	二部合唱的音准、和谐	1课时
六年级上册	第2周	《江南》	古韵风格	二部合唱的音准、和谐	1课时
	第4周	《出塞》	古韵风格	二部合唱的音准、和谐	1课时
	第4周	《茉莉花》	江苏民歌/东北民歌/河北民歌	掌握不同地区的民歌风格、特点	2课时
	第6周	《妈妈格桑拉》	藏族风格特点的儿童歌曲	通过歌曲的演唱、表演等形式表达对母亲的爱与感激，从而激发学生对亲情的珍爱	1课时
	第8周	《赶圩归来啊哩哩》节选	浓郁的彝族风格	演唱歌曲时能注意各声部之间的音响均衡、和谐	1课时
	第10周	《再敲锣鼓唱龙舟》	顺德龙舟	锣鼓节奏的掌握	2课时

续　表

年级	授课时间	歌曲	风格或地域	音乐知识	所用课时
六年级上册	第12周	《木偶兵进行曲》	进行曲风格	通过创编及一系列音乐活动，培养学生的创造力	1课时
	第14周	《月亮姐姐快下来》	抒情优美的歌曲	1.西洋乐器的认识 2.理解切分音在歌曲中的作用	1课时
	第16周	《校园小戏迷》	京剧风格	学唱《校园小戏迷》，学会基本动作并表演	1课时
	第18周	《龙舟歌会》	顺德龙舟	锣鼓节奏的掌握	1课时
	第20周	《劝学》	古韵风格	二部合唱的音准、和谐	1课时
	第22周	《所见》	古韵风格	二部合唱的音准、和谐	1课时
六年级下册	第2周	《转圈圈》	撒尼民歌	学习两声部的合唱以及变拍子的复习巩固	2课时
	第4周	《同一首歌》	回忆、抒发、诉说同窗之情的歌曲	学唱歌曲时各个声部之间的配合；能够正确理解歌词的内涵，并能与歌曲产生共鸣	1课时
	第6周	《拍手拍手》	这是一首以颂扬和倡导精神文明风尚为题材的儿童歌曲	在歌曲实践活动中，学习重音记号"＞"，并能在演唱中准确表现，增强音乐表现力	1课时
	第8周	《我们是朋友》	友谊的歌曲	通过歌曲《我们是朋友》的学习，能用歌声、音乐、语言、美术、文学作品等抒发自己热爱同学、珍惜同窗学友之间的情感	1课时
	第10周	《岁月抒怀忆名伶》	粤剧	粤剧伴奏乐器的认识	1课时
	第12周	《珠水唱歌中国梦》	中国曲艺	散板节奏的掌控	1课时
	第14周	《山行》	古韵风格	二部合唱的音准、和谐	1课时

续 表

年级	授课时间	歌曲	风格或地域	音乐知识	所用课时
六年级下册	第16周	《长歌行》	古韵风格	二部合唱的音准、和谐	1课时
	第18周	咸水歌变奏	顺德民歌	上滑音/下滑音	2课时
	第20周	《漂泊的水母》	法国民谣	二部合唱的音准、和谐	1课时

（二）合理分配教师

教师的重要职能便是传道、授业、解惑。对于合唱教学而言，教师同样发挥着无可替代的作用。在合唱教学中，根据教学的实际需要，需要优化师资队伍，引入具有较高声乐素养的专职教师。教师的水平与能力直接影响校本课程实施的效果。所以，合唱对教师有着极高的要求，以高水平、高音乐素养的教师担任每个特色项目的教学，才能够保证音乐校本课程的顺利实施。在合唱校本课程的推广中，教师先进的合唱课程教学理念是根本，只有优化教师结构，让教师成为课程建设的主体，辅之以新的教育理念、课程方式、教学方法，才能使音乐校本课程的教学有着较高的专业针对性。

（三）合理组织学生

学生是合唱学习的主体，是校本课程实施的直接受益者，也是课程实施效果的直观感受者。学生在校本课程中的地位与作用可想而知。由于学生个体差异的存在，故对学生进行"归类"显得尤为重要。将音乐素养或技能水平相差不大的人组合在一起，这样，在实施校本课程时更具有针对性，以学生最容易理解或接受的方式传授声乐知识及技能，便于学生理解与掌握，在提高教师课堂效率的同时，在相对同等的群体中也有利于调动学生的积极性。

第五节　合唱课程育美（一）

——育美教育集团容桂小学和韵课程案例

早在1945年，党和国家领导人在中共七大上就指出："从80%的人口中扫除文盲，是新中国的一项重要工作。"中国人民经历了中华人民共和国成立之前没书读到中华人民共和国之后有书读，再到今天读好书的过程，时代更替体现了当下人们对精神成长的需求与社会生活水平不断提高后广大人民群众对美好生活的向往，对艺术、文化的追求成为新的时代需求。2018年8月30日，习近平总书记在回复中央美术学院8位退休教授的信中写道："做好美育工作，要坚持立德树人，扎根时代生活，遵循美育特点，弘扬中华美育精神，让祖国青年一代身心都健康成长。"

从孔夫子的"六艺"到现在的德智体美劳，从素质教育到核心素养，人的培养一直是社会关注的焦点，少年强则中国强，优质的教育是国家可持续发展的基石。作为义务教育的起始阶段，小学肩负着"立德树人"的伟大使命，如何在教育过程中既能较好地落实国家课程的教育目标，又能根据学校的特点科学地规划、开发适合学生全面发展的美育课程是值得我们深入思考的课题。基于此，容桂小学以"对学生一生负责"为宗旨，以"以德立校，科研兴校，特色活校，质量强校"的办学思路及科研为先导，以教学为中心，为近3000名学子量身开发了旨在培养"具有国际视野全面发展现代小公民"的和韵课程，容桂小学和韵课程体系中的班级合唱课程就是"以美育人，培养文化自信，倡导学科融合"的精品课程。

一、和韵课程背景

（一）文化背景

容桂小学是一所历史悠久、文化底蕴深厚的广东省一级学校。经过87年的办学历程，学校逐渐形成了以心理游戏为载体的心理健康特色教育、以铜管乐社团为亮点的艺术特色教育、与国际教育接轨的英语特色教育。学校依据美国哈佛大学著名心理学家的多元智能理论建立起了多元优势教育体系，以"容美立人"为校训，以"多元和韵，优势励人"为办学理念，在管理、德育、课程教学、科研等方面都结出了丰硕的成果。继往开来，为顺应时代发展的趋势，更好地彰显素质教育的魅力以及促进学生综合素质的提升，与美育相适配的"和韵课程"便应运而生。

（二）课程背景

1. 改革趋势的要求

教育兴则国兴，教育是关系民族未来的大事。我国一直都注重教育的品质及发展。随着现代化的不断推进，为更好地与时代的发展保持一致，我国对教育进行了一系列改革。"立德树人，促进人的全面发展"一直以来都被视为教育的根本任务。在新的时代背景下，国家加大了教育改革的步伐与力度，提出了课程改革，尤其是校本课程的建设，以实现中国特色社会主义和中国梦。为此，需要将社会主义核心价值观的培养融入学校教育实践，并结合中华优秀传统文化和本地特色文化。和韵校本课程的提出便是对这一时代背景的积极响应，是贯彻和落实国家有关教育的方针政策的必然要求。

2. 学生发展的需求

教育现代化强调突出学生的主体地位，积极促进学生个性的发展。作为教育的重要形式，学校在促进学生发展方面发挥着极大的作用。学校要成为促进学生个性发展的主力，为此，需要结合学生的个性特征，创设适合学生成长的教育环境，以满足不同学生的需求。体现在课程设置上，便需要以学生的个性化发展为前提，丰富课程设置。尤其对于小学阶段的学生来说，小学生的性格、知识、人格等方面都还处于形成阶段，有着很大的提升空间，所以学校应该注重对学生全面发展的引导，在课程的设置上，需要突出知识的丰富性，以开阔学生的视野，发挥促进学生综合素养提升的作用。

3. 智能"迁移"的作用

学生的发展是一个终身的、可持续的过程，个体的多样性凸显了和谐发展的必要性，通过学生具有的一项智能，树立他的自信，激发他发展的欲望，并将这种自信与欲望通过课程进行智能的"迁移"，促进其他智能的发展，从而促进学生全面和谐地发展。

4. 集团发展的支持

容桂街道教育局指导成立了容桂育美教育集团，作为育美教育集团的成员学校，容桂小学将共享育美教育集团的品牌影响力，借助华南师范大学课改实验校的推动力，拓展学校发展空间，拓宽师生成长道路，提高学校的整体办学水平。学校是深化义务教育课程改革的试点探索龙头学校，这必将为学校完善课程框架、打造课程特色、提升课程文化提供良好的机遇和保障。

二、和韵课程理念与目标分析

对应"多元和韵，优势励人"的办学理念，容桂育美集团容桂小学和韵课程的课程核心理念是"多元和韵美童年"。"多元和韵"寓意在培养学生的过程中，因为面对的是不同的个体，只有提倡"多元"，才能发现学生的优点，通过同一体系不同内容的课程在"和韵"中找到不同学生的亮点并基于学生的不同"优势"激励他们不断进步。和韵课程紧扣美育精神体现了学校继承和发展多元优势教育的成果。

（一）课程理念的特色

1. 聚焦核心素养

容桂育美集团容桂小学和韵课程理念是在我国教育改革不断推进以及国际教育形势影响下所提出的，旨在促进在校学生终身全面发展。和韵课程始终围绕"中国学生发展核心素养"，并以此为标准，培养学生在不同环境下的适应能力。这个能力是多方面的，综合了学生的智力、身体、心理和个性自主，让学生无论是身处校内还是校外，都具备良好的人际交往、积极社群参与的能力和环境友好意识。

2. 深化学校特色

教育改革要求课程理念的创新，和韵课程的设置便是对国家教育政策的贯彻和落实。和韵课程的建构依托学校已有的特色项目，包括心理健康教育、艺术教育、英语特色教育等，通过对原有课程内容的逐步深化，将韵美要素融入其中，作为对特色课程的补充，使其在提升学生核心素养方面发挥综合性的作用。

3. 促进课程统整

义务教育国家课程目标的提出为全国学校教育课程目标的制定指明了方向，具有普遍性。然而地区不同，教育环境不同，每个学校都应该在课程目标的制定上凸显自身特色。和韵课程便是在贯彻教育部课改精神，立足于本校实际所做出的课程调整。和韵课程以核心素养为目标，以"美"为要素，力求国家课程校本化，校本课程有机化，通过基础型课程、拓展型课程和探究型课程的整合，促进学校课程之间、学科之间的整合，促进学校课程和校外资源的整合，形成课程间科学支持与协同发展的和谐关系。

（二）育人目标与课程实施目标

和韵课程的育人目标在于通过"和"与"美"的教育。首先，培养学生对美的挖掘能力，让学生善于发现生活中的美，看到自己和他人身上的美，悦纳自己和他人；其次，培养学生"和谐"与"包容"的精神，让学生关爱社群、理解自然，成为具有国际视野的现代中国小公民。

为适应现代教育发展的趋势，满足现代化社会对人才培养的要求，容桂小学和韵课程实施的具体目标有以下几点。

首先，通过有趣而灵动的课堂，引起学生关注，培养学生问题意识，挖掘学生思维潜能，使学生养成独立思考的习惯，提高学生解决问题的能力。

其次，通过课改，改变被动而机械的授课方式，培养学生的自主性，调动学生学习的积极性和热情，培养学生思维的独立性，发展学生自主、合作、探究的精神，从而激发学生的潜能，促进学生综合素质的全面发展。

再次，强调教师教育理念的创新。教师要在科学教育理念的引导下，深刻领会课程标准的内涵，明确自身定位，认清新的教育形势下教师所扮演的角色及职能；坚持以学生为本，做好课堂的"导学"工作；研究课堂教学结构、流程，不断提升自身职业素养，形成个性化的教学风格。

最后，建立一套适合本校实际的评价体系。和韵课程的实施需要形成科学的评价观和多元评价机制，并保证评价的科学性及有效性，让评价最大化地发挥作用，真正成为促进学生发展的推动器。

三、和韵课程的落实

（一）基于学生核心素养的培养，开发多元课程资源

好的课程是师生成长的摇篮，在课程实施的几年间，学校音乐科组教师齐心协力凝聚智慧，结合语文学科开发出了传承中国文化的合唱教材《乐韵长风》。教材将韵律与中国古诗文相结合，由音乐科组教师自己谱曲编配二声部旋律，由学校的师生演唱并制作成视频材料，极大地激发了师生的创新意识。精品课、教研课展示了课程的魅力，沉淀了课程的价值，推动了学生音乐核心素养的形成，体现了基于课程的"和"与"韵"，教材在实验学校推出后获得了一致好评，并由中国文化出版社出版。

（二）充分利用校内外课程资源，开展综合实践研究

和韵课程的落实，需要综合各方面的资源，包括人力、物力、财力等，使资源利用最大化。学校图书馆是学校信息资源的中心，因而学校需要加强图书和教学仪器的管理与使用。除此之外，还应该挖掘校外课程资源。容桂小学在落实和韵课程校外资源的开发方面主要采取了以下措施：多次组织学生走进社区，参观工厂，让学生充分融入社会；通过创建校外教育基地，实现"开门办学"；成立家长委员会，以召开家长会的方式，或是通过家访、电话、网络、学校网站等各种灵活多样的方式，收集家长的意见和建议，让家长了解学校，了解学生的情况，实现家校沟通，家长满意度超过90%。

（三）强化教学研究，努力提高课程实施的质量和水平

学校在落实和韵课程的过程中主要开展了两项研究。

一是对课堂教学模式的研究，旨在优化课堂教学效果。传统的教学模式在教育发展中的弊端已逐渐显现，而改变这种弊端的唯一方法便是对教学模式进行改革与创新。如何创新成为教育工作者面临的主要问题。为解决这一问题，容桂小学教育工作者结合网络教研活动，吸收先进的学习理论，并参考和学习了先进单位的典型材料，从而主动调整了教育观念。结合学校自身实际以及学生的学习状况，学校开展了"学习先进区课改理念，探索有效教学模式"活动，立足本校实际，探索了课堂教学新的模式，并在全校进行了应用实践，取得了良好成效。

二是基于事物变化发展的理念，学校坚持与时俱进的思想，对课堂教学

模式进行实时调整和完善。为此，学校开展了"三课两评一反思"（三节课两次评价一次反思）活动，有效保证了校本课程的实施。此外，为保证校本课程的有效性，学校开展了大规模的调研活动，不仅包括对学校发展层次与能力的准确定位，还包括对学生实际情况的全面了解。容桂小学是一所特殊的学校，学生来自不同的地方，学生之间的差异更为显著，尤其是每年都会有一部分插班生，这就更增加了教学的复杂性。众所周知，在师资及学生水平一定的情况下，对于学习效果的提升来说，良好学习习惯的养成，有着积极的促进作用。学校教师及教研组人员基于学生良好习惯的养成，对更有利于学习的方式展开了深入探讨，提出了学习方式转变及良好学习习惯对策，形成了容桂小学独具特色的学生学习习惯养成的模式，即预习—上课—复习—作业，将其贯穿教学活动始终。预习培养了学生的自学意识，使学生主动地为正式教学做好充足的准备；进而全身心地投入课堂学习，积极参与教学互动；通过课后作业及笔记整理，在课后温习所学内容。容桂小学和韵课程对每一个环节都做出了明确的指导，有助于培养学生良好的学习习惯。

（四）优化课堂教学，开展课堂交流与研究活动

基于和韵课程的提出，为保证课程的开展，学校对课堂教学提出了以下要求。

一是优化教学观念。观念即意识，意识对于实践有着积极的指导作用，任何活动离开了意识的指导，都会举步维艰，最终走向失败。观念的优化，不仅需要与时俱进，更重要的是创新。和韵课程的提出，与素质教育思想密不可分，更是对素质教育的创新。学校凭借素质教育思想，将和韵理念在校园推广，在思想上引起师生共鸣，在尊重教育规律和学生身心发展特点的基础上，以学生的个性化发展为和韵课程的立足点和出发点，争取最大限度地促进学生的全面发展。

二是优化教学目标。目标是前进的动力和方向，科学合理的目标设置，对于和韵课程的贯彻落实有着积极的促进作用，使课堂教学沿着既定的方向发展。没有目标的教学就等于饭后散步，有目标的教学就等于百米赛跑。

三是优化课堂结构。影响课堂教学的因素是多方面的，在素质教育思想的指导下，学校将各要素有机组合起来，优化调整，以发挥课堂教学最优的效果，可视为优化课堂结构。

四是优化教学方法。教学方法不是一成不变的，在具体的教学实践中，方法是因时因地因人而异的。这就需要教师结合课程内容、学生特点以及自身的教学习惯灵活选择与运用。与此同时，同一种教学活动，根据教学的需要，还可以综合多种教学方法，让学生在自主学习、探究学习中找到学习的乐趣。这也是引导学生摆脱迷惘和困惑，走向教学目标的阶梯。

五是优化教学环境。教学环境既包括教师教的环境，也包括学生学的环境。环境对人的影响是巨大的，所谓"环境造就人"便是对人与环境关系的最好印证。良好的教学环境有助于促进教学目标的实现。和韵课程的落实便需要在充分发挥和利用客观环境的基础上，通过主观改造，实现环境为教学服务的目的。

六是优化分层练习。在教学实践中，教师将课堂练习分为三个层次，根据教学的进度以及学生的能力水平，可分别选择基础练习、综合练习、提高练习。学生对于练习层次的选择完全取决于学生对自我的认知。与此同时，需要教师运用教育智慧，对学生进行适时的引导和鼓励，激发学生的进取心。这样，无论是成绩优异的学生还是成绩较差的学生，都能在满足学习需求的基础上，积极进取，不断进步。此外，学校每周一次的集体备课，提供给教师相互学习、取长补短的机会。而每学期一次的教研课，通过说课、评课、总结成绩，找出不足，又促进了教师的自我提升与发展。

除此之外，学校还特别强调课堂交流，要求课堂教学要从"以教师为主"转变为"以师生共同活动为主"，用新课改理念指导教师角色的转变，确保学生主体地位的落实，在交流与互动中激发学生的能动性，让每一个学生在课堂上都能得到快乐成长的体验。

（五）加强教学常规管理，探索作业新形式

练习是巩固知识的主要途径，因此加强对课后练习的重视，探索作业新形式显得尤为重要。对于教师而言，更是需要慎重对待，合理地选择课后作业的内容和形式。和韵课程的实施提出了作业管理的一般要求。作为学校的教导处，实行作业量审批汇报制度，根据难易度，将课内作业划分为不同的等级，如基础型、技能型、创新型等若干类型，在具体落实中，引导学生根据自己的能力水平选择相应的作业等级，并鼓励学生适当提高；对于课外作业，同样划分等级，如知识型、活动型、实践型、探究型、开放型等，学生根据自己的兴

趣爱好，自由选择作业类型并完成。需要注意的是，作业量的制定应严格遵守有关规定，尤其是课外作业，应控制其书面作业总量，避免"题海战术"。在作业的内容设置上，重点突出探究性、实践性，合理控制作业量与难易度，以达到指导学生生活与实践的目的。

四、和韵课程的课程体系

（一）课程体系

学校和韵课程体系如图2-5-1所示，有"悟之韵——人与自我的和谐——省""谐之韵——人与社会的和谐——群""灵之韵——人与自然的和谐——物"三大板块。

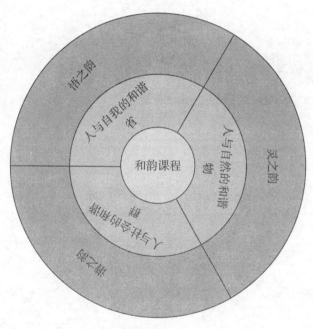

图2-5-1

（二）课程逻辑

和韵课程主要包括三大板块、八大模块，每个模块又包括若干更为具体的主题；这些主题贯穿基础型课程、拓展型课程和研究型课程，并促进了三者的整合。和韵课程与基础型课程、拓展型课程和研究型课程的关系如图2-5-2所示。

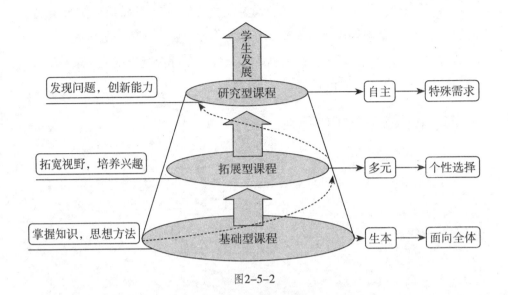

图2-5-2

（三）课程内容

容桂小学和韵课程体系如图2-5-3所示。

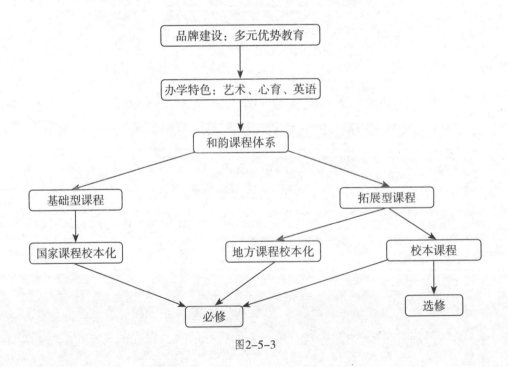

图2-5-3

在基础型课程中，学校结合和韵课程挖掘和整合相关的主题，结合区域或校本资源，围绕主题和节日设计与开展相关的主题活动，开发了一些提升学生核心素养的主题式和综合式的课程，做到了课程活动节日化、主题化。

1. 课程活动节日化

为保证和韵课程有计划地贯彻落实，容桂小学将课程节日化，主要围绕四个固定节日活动展开，即艺术节、科技节、读书节和体育节。每学期学校都会在节日期间开展独具特色的和韵课程活动，活动主题及名称取决于设计方案。节日化课程活动的开展，让和韵课程融入学生的生活，成为校园学习生活中的一部分。

2. 课程活动主题化

课程活动是和韵课程目标的实践渠道之一，学校将这些活动加以主题化提炼，在结合国家课程、拓展型课程的基础上，通过一系列的主题化活动科学促进课程目标的落地实现，优化课程目标（见表2-5-1）。

表2-5-1

模块	主题		基础型课程	拓展型课程	研究型课程	节日及主题教育活动
				主题式	综合式	
言	诗之韵	表现自我	根据主题，挖掘与整合国家和地方课程	儿童诗歌创作课程、吟诵课程、书法课程	科学小实验课程、综合实践课程	祭孔教育活动：吟诵社教育活动 诗歌创作活动：参加广东省儿童诗歌节活动
数	创之韵	发展自我		奥数、奥英课程，自救自护生活技能课程		奥数、奥英比赛活动：参加各级数学、英语比赛 自救自护教育活动：紧急疏散演习、防暴演练、远离毒品等教育
形	维之韵	发展自我		美术课程、电脑课程		艺术节活动：书画比赛、展览 科技节活动：电脑绘画、设计
动	律之韵	关爱自我		生理卫生课程、体育活动课程		各项体育比赛活动：参加各类体育比赛活动、学校大型运动会 生理卫生教育活动

续 表

模块		主题	基础型课程	拓展型课程 主题式	研究型课程 综合式	节日及主题教育活动
艺	乐之韵	展现自我	根据主题，挖掘与整合国家和地方课程	各类社团课程	科学小实验课程、综合实践课程	教育活动：大型文艺演出活动"亮出精彩的你" "艺术之星"评选活动：学校每学年的四大节活动；学校社团活动，供学生选择
群	谐之韵	交流理解		英国、中国香港交流课程		交流活动：与英国威伯尔小学、中国香港何日东小学结对交流活动
		国家认同		爱国主义教育课程、传统文化教育课程		少先队活动：少先队主题活动、国旗下讲话、国庆节活动、元旦迎新活动、推普周活动
		人际关系		交朋结友；先进班评比		班级自主管理："班级特色文化建设""特色班建设活动""我为班级添光彩"
己	悟之韵	关爱自我		认识自我课程、心理健康课程		生活技能类教育活动："让自己健康成长" 心理健康教育活动："认识我自己"专项教育、"我与同伴共成长" 争章活动：争取机会表现自我 活动参与：学校大型活动、各类社团及其活动、志愿者小队及社会实践活动
物	灵之韵	关爱环境		环境教育课程、资源教育课程		科技活动：气象组活动、环境保护组活动、资源调查活动

五、班级合唱突出学校特色，创造性实施新课程的要求

（一）建设"和韵"校园文化，营造良好的学习环境

在建设"和韵"校园文化中，学校开展"五园同创"活动，即创建平安校园、节约校园、文化校园、绿色校园与和谐校园，力求体现教育性、人文性、科学性和审美性，充分发挥校园文化格言在激励师生成长、沟通师生情感、凝聚学校精神方面的重要作用。

丰富环境文化。学校做到让墙壁说话、让草木劝学、让石头励志、让展牌激情，这已成为学校校园文化不可或缺的一部分。

创新学校文化。学校还开展学习园地、黑板报、手抄报、每日一句格言、级部信息宣传牌等评比活动，使学生潜能得到开发，人格得到完善，素质得以形成。

凸显班级文化。班主任寄语张贴门上，名人字画更是相映成趣："非淡泊无以明志，非宁静无以致远。"最见深度的艺术是丰富多彩的班训：先学做人，再学做事；人贵有志，学贵有恒；勤学静思，文明尚理；学做实事……

从这些文化内涵丰富的班训中，可以看出学生思想的活跃与深邃。这里既有中国传统文化的浸润，又有现代意识的渗透；既有学校办学宗旨的统一体现，又有班级个性追求的自我展现。

拓宽路队文化。学校要求一、二年级学生在来回路上齐唱儿歌，三、四年级学生诵读古诗，五、六年级学生高唱英文歌曲、熟读英语口语。学生路队已成为学校一道独特的风景线。该项活动的开展增长了学生的知识，增强了学生的集体主义观念，提高了学生的文化修养。

（二）办艺术特色学校，全面发展学生综合素养

艺术教育工作是学校教育的重要组成部分，学校的艺术社团成为顺德小学界一道亮丽的风景线。2017年，学校的音乐科组被评为佛山市示范科组。陈燕老师成为广东省音乐教师工作室主持人（2015—2017年），2020年考核为优秀，又继续被聘为广东省音乐教师工作室主持人（2018—2020年）。在各级艺术类比赛中，学校的师生屡获殊荣，2017年、2018年学生参加顺德区首届个人才艺大赛，经过街道选拔赛，两年间学校获顺德区一等奖累计18人，是顺德区获奖最多的学校。

（三）办心育特色学校，促进学生身心健康

心育工作是学校德育工作的一大特色。学校有心理A证教师3人，B证教师11人，C证教师116人，其中有两位心理系毕业的专业教师和全校教师共同承担心理课教学，心理指导中心阵地建设规范。广东省心理指导中心的专家认为学校长期坚持的心理游戏选择方向正确、特色明显，成效显著。2013年广东省心理健康教育示范学校校长现场会在学校召开。2020年佛山市开展的心理健康教育月，心理健康"八个一"活动，学校为容桂镇学校做出了示范。省教育厅《关于公布第二批广东省中小学心理健康教育特色学校名单的通知》（粤教思函〔2016〕71号）批准学校为广东省中小学心理健康教育特色学校。学校的《容桂小学心理健康特色学校创建方案》被评为广东省首届特色学校创建成果二等奖。

（四）办英语特色学校，让教育与世界接轨

学校有一支十分优秀的英语教师队伍，学历上乘，专业精湛，敬业心强。学校英语教学成绩斐然，在全国小学生英语知识技能大赛中，连续几年创佳绩，共有81人获全国一等奖，其中2017年5月18日公布的全国五年级英语竞赛成绩学校获全国一等奖8人，居顺德区小学前茅。学校英语科组被评为顺德区先进科组，2007年度学校英语特色获容桂街道首批办学特色奖。学校与英国北伦敦郡威伯尔小学、中国香港何日东小学缔结为姊妹学校，加强校际交流，开阔学生视野。

六、班级合唱课程的美育实践

（一）让每一个学生都爱唱歌的课程

我国基础教育改革整体推进，现在已经进入以促进公平和提高质量为根本标志的内涵发展的全新阶段。改革的重点也越来越聚焦课程、教材、教学、评价等一系列关键环节，聚焦人才培养模式、育人方式的创新与改革。而加强美育，就是要真正把对学生人文素养艺术的培养纳入学校育人过程。美育不仅是音乐和美术教师的责任，它也应该渗透于各个学科，让每一个学生都喜欢歌唱，能参与合唱学习和表演，在课程中培育美的心灵、美的情操，在体验美的过程中欣赏美、创造美，这就是和韵课程体系中的精品课程——班级合唱课程。

1. 班级合唱课程提出的背景

2016年，教育部首次启动全国艺术教育监测工作，极大地推动了音乐课程的有效落实。而容桂小学音乐科组是佛山市示范教研组，有着团结而有战斗力的团队，高效科学的工作方法，"合作、分享与创新、实践"是团队的工作作风。学校一直秉承"让音乐属于每一个孩子"的育人理念，严抓课堂教学、拓宽实践渠道，艺术教育优势明显，成绩斐然。

歌唱校本课程的实施使各种音乐元素和传统文化融入学生的生活。学校通过《乘着歌声的翅膀放飞童年的梦想》《音韵长风》等系列教材的开发与课程教学和活动，为学生养成良好的行为习惯，实现课程的美育价值提供了切实而有效的途径；教材的开发实施，让优美的音乐陶冶学生的情操。

时代需要不断地进步，需要革新与思变，需要不忘初心地砥砺前行。容桂小学学生的艺术素质差距大，有的学生缺少音乐的体验、表现与创造，虽然经过整合有很大改观，但还有很大的提升空间，因此，学校音乐科组进行了深入的教研，针对实际情况，充分考虑歌唱对学生情感与思想的影响以及为学生提供音乐的氛围，滋养学生的心灵等因素，决定结合各年级学生身心发展的特点与国家课程的要求，基于传承文化发展学生音乐素质，创造性地开发了班级合唱课程，通过课程，让优美的音乐陶冶学生的性情，培养学生良好的歌唱习惯和音乐素养，养成良好的行为习惯，实现学校"多元和韵，优势励人"的课程规划，实现"建设一所高品质、现代化的'多元优势教育'品牌学校"的办学目标及"培养悦纳自我、关爱社群、理解自然，具有国际视野的现代中国小公民"的育人目标。

用歌唱使学生获得具体的音乐知识，提高学生的音乐技能，滋养学生的心灵，养成美好的品格，是班级合唱课程实现"立德树人"的首要目标。

2. 什么是班级合唱课程

"班级合唱课程"简单来说就是以班级为单位的合唱教学，它有别于合唱社团的功利性和特权性，班级合唱具有全员参与的公平性与普惠性的特点，是美育的重要手段，更是培养学生核心素养、培育现代学生社会主义核心价值观，实现"立德树人"育人目标的良好媒介与方式。

3. 班级合唱课程的性质

（1）课程的人文性。合唱是音乐的重要表现形式，唐诗宋词更是人类宝贵的文化与智慧的结晶，无论是从文化中音乐的视角出发，还是从音乐中的文化视角出发，课程的人文性都凸显了课程的独特魅力，而音乐是文化的重要组成部分，是人类宝贵的精神文化遗产。任何音乐艺术的成功展现无不渗透着创作者与表演者的心血和付出，而作品中所蕴含的思想情感与文化主张，无不与特定的时代背景、文化传统有着直接的关系，是创作者对某一时期民族特色文化发展脉络、民族性格、民族情感和民族精神的展现。从这一点来看，人文性是蕴含在合唱课程中的一大特性。

（2）课程的审美性。自古以来，美育都是我国教育思想中很重要的一部分，这与中华民族的文化传统是一脉相承的。重视和加强美育教育是促进学生全面健康发展的重要途径，也是培养具有高尚情操的社会主义建设者和接班人的有效形式。班级合唱课程强调突出学生的主体性，注重对学生个性的尊重，对于学生素养的全面提升有着重要意义。学校通过班级合唱课程教育和引导学生感受音乐旋律的美、音乐内容的美以及所传达出的思想情感的美，使学生在音乐氛围中陶冶情操，培养学生从生活中发现美的能力以及对美的鉴赏、创造能力。

（3）课程的实践性。班级合唱由多个环节构成，无论是班级合唱中的视听练耳还是合唱排练，都是将理论付诸实践的过程。合唱课程也是需要通过引导学生在聆听、探究艺术表演以及音乐创编等多种实践活动中来体现的。这一系列的实践活动能够让学生在合唱艺术的参与过程中获得对音乐的直接经验和丰富的情感体验。实践是检验真理的唯一标准，具有实践性的合唱课程的开展能够为学生掌握音乐相关知识和技能、领悟音乐内涵、提高音乐素养打下良好的基础。

4. 课程的设计思路与理念

（1）突出音乐的审美功能，注重学生的爱好。任何一门艺术形式都具备一定的审美功能。班级合唱课程就是要深入挖掘音乐中的美，引导学生对音乐艺术的美感进行体验、感悟，让学生在对美的欣赏中，强化对美的交流与传递，强化学生对音乐文化语境与人文内涵的认知。班级合唱课程坚持以突出音乐审美为根本理论，这既是弘扬和彰显中华民族优秀的音乐文化传统的表现，也是贯彻落实新时期"美育"教育方针的本质要求。在这一理念的指导下，班级合唱课程能够让学生在合唱教学中潜移默化地受到美的熏陶，有助于学生美好情操、健全人格的形成，同时有利于提高学生对音乐的兴趣，强化学生对合唱课程的情感体验。除此之外，在兴趣的推动下，学生能够更好地融入合唱课程，对于音乐表现的整体把握也就更加准确，这对于增强学生的音乐素养、提高学生对于音乐基础理论和技能的学习以及课程设计开发者自觉地将传统文化与合唱课程进行融合大有裨益。

（2）强调课程实践，鼓励创造。音乐是一门独特的艺术，作品只是艺术的一部分，更主要的是需要完美地演绎。这个演绎的过程可视为实践的过程。因而，在课程实施过程中我们会突出课程的实践性，为学生的艺术实践提供更多的参与机会，激发他们参与演唱、聆听艺术表演和即兴编创等，开启他们通向音乐艺术殿堂的大门。通过这样的形式，学生对音乐表现的积极性会得到一定程度的提高，音乐审美能力也会随着对音乐的自信而不断提升。持之以恒，合唱中的团队合作意识也会对学生的人格素养产生深远影响。

新的课程标准对课程教学提出了创新的要求。合唱是极富创造性的艺术，班级合唱课程应该把握创新的内涵，从内容和形式上实现创新，赋予合唱课程生动性，从而激发学生思维的创新性，增强学生的创造意识。

（3）突出音乐特点，关注学科融合。同其他音乐艺术形式一样，合唱也是一门表演的艺术，无论是合唱教学中声乐基础知识的学习，还是教学中的视听练耳乃至合唱排练，其最终的落脚点都是表演，即为提高表演的艺术效果而服务。通过表演实践，学生从中感受和体验合唱艺术。不同时代、不同风格及内容的合唱作品，带给人的体验是不同的。歌曲随时间的流动而展现，歌词的内容为学生感受、表现音乐的魅力以及创造力的发挥提供了广阔而自由的空间。同时，歌曲创作的时代性、情感的寄托以及风格内涵的表现，都可以体现学科的融合、文化的传承。

在融合教学中，我们不仅关注、突出音乐艺术的特点，同时也关注音乐学科与其他学科的联系，在素材的收集、艺术的表现以及文化的传承中，寻求与其他艺术形式的契合点，在综合过程中进行比较与分析，从而让学生树立整体的学科意识，建构同其他学科的知识体系，拓宽学生的艺术视野，促进学生综合素质的发展。

（4）弘扬民族文化，理解文化的多样性。在课程设置中，我们围绕民族传统文化，将民族优秀音乐作品作为课程的重点，通过对这类音乐作品的学习，引导学生了解我们国家和民族璀璨的文化，激发他们的民族自信心以及对国家和民族的热爱。具体来说，在合唱课程中我们在将唐诗宋词纳入教学内容的同时，也为学生介绍不同国家的作品，培养学生文化自信的同时让学生学会文化理解、文化尊重，培养学生自信、包容的良好品质。

（5）面向全体学生，注重个性发展。教育要面向全体学生的发展，作为特殊教育形式的音乐教育更应如此。基于这一教育理念，中小学阶段的音乐课程在设置上应充分考虑中小学生的学龄特点，从他们的能力水平出发，最大限度地保证每一个学生都能从中受益。在教学活动中，我们要以学生为主体，丰富教学形式，以他们感兴趣的方式，激发他们对音乐的感受和参与音乐活动的积极性，鼓励他们在音乐中真实地表达自我感受，为发展学生的音乐才能提供良好的空间。

5. 班级合唱课程设置的原则

（1）体现高度的科学性和思想性统一的原则。建立完备的班级合唱教学体系，以人类所创造的优秀文化成果教育学生；以小学生能理解的合唱、表演等形式体现高度的科学性和思想性统一的原则。

（2）贯彻理论联系实际的原则。结合各学科自身的特点，将其融合到班级合唱教学中，由浅入深地对学生进行美育教育，激发学生的民族意识以及爱国热情，将民族情感融入音乐教学，培养学生高尚的爱国主义情怀。

（3）以实现教育目的和学校培养目标为最终目的的原则。课程结构上体现时代精神。从国家的教育目标来说，教育就是要培养德智体美劳全面发展的综合型人才，和韵课程就是在教育的时代特色及国家的教育目标的基础上展开的。除此之外，和韵课程立足于学生的实际及课程内容，将知识、能力、智力因素和非智力因素结合起来，重在培养学生自主学习的意识及能力。

（4）以符合学生的身心发展特点为原则。教育的出发点和立足点都是人，都是为了人的全面发展。和韵课程的设置与实施，需要以学生为中心，并突出体现社会发展要求、学生发展要求，与此同时，还需要结合教师的专业能力、学校的设备完善程度、学生家庭文化背景等客观条件。课程的设计建立在正确估计学生的智力与能力的基础上，让学生在掌握知识的同时，又能发展智力、能力、体力以及培养核心素养，提高道德水平。

6. 班级合唱课程的使用对象

班级合唱课程面向小学一至六年级的学生，以歌唱为载体，集表演、创作、竞赛于一身，激发学生学习合唱的兴趣，增长学生的合唱学习经验，培养学生的音乐核心素养。

（二）班级合唱课程分级目标

围绕《义务教育音乐课程标准（2011年版）》，结合和韵课程的要求和班级合唱课程的特点，我们确定了班级合唱课程的目标。目标从知识与技能、情感态度与价值观、理解与表现等方面，详细阐述了容桂小学班级合唱课程在对学生音乐素养、核心素养培养方面所期望实现的程度。（详见容桂小学班级合唱课程教学分阶段目标）

（三）补充注意

（1）班级合唱课程的开发和实施首先要建立在教师对各班级学生声音特征的了解与把握的基础上。课程实施开始前，教师要对所有班级学生进行考查、分析。

（2）合唱作为声音艺术的高级形式，其教学和排练要讲究科学的方法。高年级班级合唱课程的开发和实施不能忽视变声期对合唱课程的影响，在课程实施时，教师要以大多数学生的能力为基础，适当掌握练习的进度；在课程实施中还要注意利用练声曲、合唱片段对合唱的难点和技巧进行训练，做到练以致用，提高合唱效果；同时要对学生进行合唱整体意识的培养。

（3）教师在班级合唱课程开发和实施的过程中也要不断加强自身的学习，尤其要重视指挥的基础知识和基本技能、歌曲的艺术处理能力和歌曲伴奏能力的提升。

合唱是最富有美感的歌唱形式，也是最具有普惠性的歌唱形式。在中小学音乐课堂教学中推广班级合唱是完全可行和必要的。班级合唱教学是中小学音乐教学中最有生命力、最受学生欢迎的教学领域和模块，是遵循教育规律、尊重人的天性的基本要求，是和韵课程教学追求真实、回归自然的必然选择。

第六节　合唱课程育美（二）

——容桂小学和韵课程之班级合唱课程在各地推广运用的案例

一、容桂小学和韵课程之班级合唱课程实施

第一，班级合唱课程是基于学校和韵课程体系中的精品课程，旨在通过班级合唱实现学科的"融"与"跨"，在课程中变"教学"为"教育"，实现"立德树人"培养具有国际视野的小公民。

第二，三年来，全校师生在课程小组的指导下井然有序地开展着班级合唱课程，在实践中不断求索、创新，沉淀出了师生欢迎、家长喜欢、社会认可的精品课程。容桂小学班级合唱课程教学模式如图2-6-1所示。

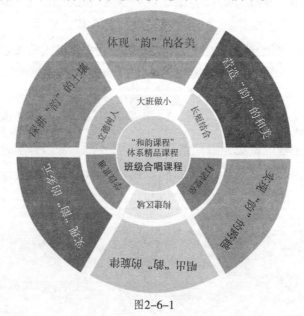

图2-6-1

二、容桂小学和韵课程之班级合唱课程特色

（一）班级合唱课程化

"课程是学校的核心竞争力"，在以往的教学中，其他学校、教师普遍存在这样的现象：看到国家课程中的合唱教学内容就"绕道而走"，干脆不教或"避重就轻"只学习一个声部。容桂小学师生迎难而上，锐意创新，基于国家课程，创设校本课程，对国家课程进行整合，将班级合唱这一深受广大学生喜爱的形式通过课程来落实，为学生建构起科学、生活化、多样化的课程体系。

（二）班级合唱多元化

在班级合唱课程中，由于班级合唱的自身特点在进入课程中就充分体现出它的多元和迁移的特点与功能。

1. 大班做小，体现"韵"的各美

"提倡学科整合，大班做小"是音乐课程标准中的一条基本理念。音乐课程整合的前提必须是以音乐为主线，通过具体的音乐材料构建起其他艺术门类及与其他学科的联系。学校以学生兴趣、需求和能力为依据来编制课程，面点结合，利用翻转课堂，体现差异教育的理念以促进学生个性和谐发展和创新能力培养，形成多层次、模块化的基础型课程。

小班做大是指基于学生的社会属性，设置高度选择性的社会适应性课程，强调学科融合与实践性，强调与真实生活环境、生活背景的联系，强调课内学习和课外实践的有机统一，强调同年级合作，跨年级互助，建立学习共同体，激发学生学习的主动性和积极性，促进学生健全人格和社会责任的建立。

2. 长短结合，营造"韵"的和美

将合唱融于无形，让校园处处充满歌声，三年前容桂小学开始了长短课的实践（下午的每节课调整为35分钟），目的是每天空出15分钟全校同唱一首歌。每一天快乐歌唱的校园传递的是一种"和韵"的独特之美，激荡、愉悦着每一位师生的心灵，汇聚的是无数热爱生活、热爱学校、热爱集体、热爱同伴的美好情怀。学校课程组也专门开发了《乘着歌声的翅膀放飞童年的梦想》教材，用于每天的同唱一首歌。

3. 打破壁垒，实现"韵"的跨越

小学阶段的学生生性好动，个性突出，自我中心意识较强，这不利于学生

健康成长。合唱这种集体活动给学生提供了互相交流、分享、合作的机会，培养了学生初步的分工合作的社会精神，使学生具有集体意识和团队精神。

小学歌唱课要上好并不容易，以唱歌课为例，一首歌的旋律，学生来来去去地听，反反复复地唱，虽然老师也会想尽办法帮助学生让学唱过程变得有趣，可还是会出现部分学生越唱越没劲的现象。上课时，老师也要不停地激发学生学唱的热情，但无外乎齐唱、独唱、小组唱，并且大多数学生还不太敢站出来独唱。而班级合唱抓住了学生天生喜欢做游戏、喜欢各种新挑战的特点，以合作与抗干扰来激发学生的学习兴趣。音乐的一个个音符变成美妙的旋律，不仅让学生体验到了音乐中合唱的魅力，还让学生更加专注在自己的演唱和音准上，课上课下还有机会和老师、同学进行合唱，从而使学生对音乐课产生了深厚的兴趣。

（1）跨越古诗文的整合。和韵课程注重对优秀传统文化的挖掘，并将合唱作为弘扬优秀传统文化的重要形式。合唱也是一门强调演唱实践的形式，相较于其他形式的实践而言，合唱实践有着极大的特殊性。教师需要在教学实践中引导学生积极参与合唱以及主动感悟音乐思想与内涵，培养学生对音乐作品的了解的思考能力，进而达到欣赏音乐，从音乐中探究其所蕴含的文化意蕴的目的。将传统文化融入合唱音乐是传承音乐文化、提高学生音乐情操及综合素质的关键。

合唱是音乐艺术的一种典型形式，从合唱产生的历史来看，合唱已经历了漫长的岁月。不同于其他形式的音乐，合唱最具典型的特征便是由多声部构成。它是通过各声部的相互配合，实现音质和音色的和谐与统一的一种演唱形式。从这一点来看，要达到理想的艺术效果，必须坚持的一个原则便是以集体为中心，作为合唱中的每一个个体，都应该树立集体意识，服从并服务于集体。对于个体而言，在合唱中要做到咬字、发音清晰，语速、旋律把握准确以及呼吸、表情统一。

作为集体性的艺术形式，合唱同时具有一定的社会性。但是现实中，合唱还存在着一些问题，如个别成员对合唱的了解不够全面，将其与一般性的演唱形式相混淆，割裂了合唱的整体性，误认为合唱是一种单一的歌唱表演。在这一错误思想的引导下，学生对合唱艺术的内涵以及对合唱效果的要求就不甚了解了，就会出现为合唱而唱的现象，不利于激起学生的探究和学习兴趣。为此，加强合唱教学的探究就显得尤为重要。这不仅能为学生更好地学习和掌握合唱技能打下基础，更能促进学生艺术修养的提升。

① 坚持亲历的知与学理的知相结合。"知"即知识，知识的来源一般有两种形式：一种是经验感悟，另一种是书本学习。人们对于音乐知识的获取也可以通过以上两种途径实现。对于音乐来说，它首先是一种听觉文化，不同时代、不同时期，音乐风格、内容都是不同的，并在这种变化中影响人们的思想及观念的形成。

a. 以审美作为研究的入手点。通常，对音乐的学习和了解，系统地学习是最主要的途径，虽然书本上的音乐都是经过精挑细选后的经典，但远远不够，因为受到种种限制，书本知识在内容上毕竟存在一定的局限性，做不到囊括所有。学生要想更好地了解高雅的音乐，除了书本上的精选内容外，还应该从更为广阔的空间探寻，从而挖掘审美能力。审美是一种特别奇妙的行为活动，是心理与思维活动的统一，既需要心理活动的协调，又需要大脑思维的理性判断。由此可以看出，审美是一个复杂的过程，主要体现为精神层面的追求。其实质是内外因素共同作用的结果，即在内在心理与外在艺术形态结合的基础上得出最终结果的活动。

b. 以现实作为研究的入手点。伴随时代发展而来的是现代信息技术，信息技术的发展改变了人们的生产和生活方式，网络文化与电子产品已成为人们生活的一部分。网络文化对社会文化的冲击是显而易见的，体现在音乐领域，便是流行音乐的大肆流行，并逐渐受到越来越多年轻人的青睐与追捧。

音乐文化是丰富的，流行音乐的盛行也正好反映了音乐文化的繁荣。但是不可否认，在各种流行音乐中，不乏质量低下、内容庸俗的作品，这些作品对青少年的毒害可想而知，对其加以抵制实有必要。但是当代青少年大都是伴随流行音乐而成长的一代，如果强加限制，禁止他们听流行音乐，反而会适得其反。这就需要转换思路，在音乐的创作上，从审美的角度出发，创作出更多内容健康、积极向上、风格清新的作品，并努力将这些作品打造成社会的主要审美对象，这对于精神文化建设无疑意义重大。

c. 以具有的作用作为研究的入手点。音乐对人的作用是巨大的，不同类型的音乐，能够满足人们不同的需求，以流行音乐为例，流行音乐带给人的是一种自然性的娱乐需要的满足。21世纪是社会经济空前发展的时代，信息及技术瞬息万变，造成社会竞争压力普遍较大，生活在社会中的人，在快节奏的生活与压力下，通过音乐能够得到身心的暂时放松，有助于焦虑情绪的缓解。无论何种音乐形式，都可以达到这一效果。但是作为社会的人，不仅有自然性的需要，对精神境界的满足，同样也是人类所追求的。因而，在物质水平达到一定程度的基础上，人们需要提升精神境界及审美品位，这是让人摆脱迷茫、充实内心世界的必然选择。在我国璀璨的传统文化中，诗词歌赋一直是文人雅士所不懈追求的精神境界，基于此，将传统诗词融入合唱，可以帮助人们提高文化内涵，在品味合唱的过程中，不断完善和充实自我。

② 坚持合唱与古诗词文化相结合。音乐形式与风格与其说受时代的影响，倒不如说受特定文化的影响。不同文化赋予音乐不同的艺术形式与特色。自古以来，诗词歌赋被视为文人雅士的标志。和韵课程突出了诗词文化在合唱中的地位。只有对古诗词文化有足够的了解，才能做到对合唱作品内涵的深刻理解和把握以及对音乐形式的准确感悟。

从艺术的文化角度出发，合唱既是一种特殊的艺术，又是凝聚和展现一定文化的演唱形式，因而，合唱才具有其他艺术形式所不具备的独特魅力。我国的合唱艺术建立在具有中国特色的中华民族的优秀文化之上，呈现多元发展趋势。

唐诗宋词是我们中华民族的瑰宝，在人类文明发展史上闪烁着耀眼的光芒。在众多的音乐作品中都能找到传统诗词的影子，与诗词融合的艺术作品，因其所具有的浓厚艺术气息与艺术价值，受到越来越多人的青睐。人们从这些音乐作品中了解到祖国灿烂文化的瑰宝，在音乐教学中，通过适时引导，帮助学生从文化的角度分析和理解作品内涵，不仅在音乐的学习中提升学生的文化素养，同时也让学生在畅游音乐世界的同时，增强民族自信心，还能够让学生在掌握与音乐有关的文化背景时，更好地把握音乐格调和特点。

容桂小学音乐科组教师将合唱与古诗词结合起来，潜心钻研，编写了一本班级合唱教材《乐韵长风》，里面收录了几十首由陈燕名教师工作室成员共同编写的古诗词，成为班级合唱的重要补充教材，深受学生的喜爱。

【案例】

合唱《游子吟》，母爱心中流

《游子吟》全诗共六句三十字，采用描白的手法，通过回忆一个看似平常的临行前缝衣的场景，凸显并歌颂了母爱的伟大与无私，表达了诗人对母亲的感激之情以及对母亲深深的爱与尊敬。此诗情感真挚自然，千百年来为人传诵。

现如今，学生生活在仿佛蜜罐一般的家庭里，最大的烦恼就是作业，甚至常常会烦父母唠叨，却往往忽略了父母在繁忙的工作之余对他们无私的付出。

只是诵读和学习古诗，学生大多是浅浅地体会一下字面的意思，而运用合唱就大不一样了，从娓娓道来到如泣如诉，通过节奏、旋律、速度的处理，不用老师做过多的解释，学生便能体会这首古诗所要表达的内涵，再加上低声部和声的烘托，更是把古诗的意境淋漓尽致地表现出来。

一曲学罢，自由讨论环节，有一名学生站起来分享和妈妈之间的故事，说着说着，声音便哽咽了。原来，有一次，她的妈妈来接她时已经很晚了，全校就剩下她一个人，于是她不分青红皂白地冲妈妈发了一顿脾气，而妈妈却一言不发地带她回家还给她做了饭。等一家人都睡下了，妈妈又开始对着电脑加班。"我欠妈妈一句对不起。"那名学生轻轻地说道。

合唱与古诗的结合可以让学生热爱民间音乐，积累民族语言，增强民族意识，在演唱中也能充分发挥想象力，让学生想到不同的音乐形象，在思考中歌唱，在歌唱中思考。

——容桂育美教育集团容桂小学　戴腾超

（2）跨越美术学科的整合。学生是以形象思维为主的，美术能刺激学生的感官，可以唤醒学生的表达欲望；音乐如一个五彩缤纷的乐园，处处充满着美，美感能激发学生的学习热情和创新精神。无论哪种美术作品，材质和色彩都可以千变万化，却总离不开意境的创设。意境恰好是音乐的研究对象，音乐给人以想象的翅膀，不同的人体会到的音乐形象是不同的，也会启发学生画出不一样的画作。因此，合唱与美术整合教学，可以在一定程度上提升学生学习合唱的兴趣和合唱的教学效率。

4. 构建区域，唱出"韵"的旋律

众所周知，歌唱教学占领了义务教育音乐课堂的半壁江山。当笔者初入讲坛时，甚至还听过小朋友天真地将"音乐课"介绍为"唱歌课"。

作为一名小学一线的音乐教师，笔者更加感受到歌唱教学应该是为了让学生更好地表现音乐作品。而现实很残酷，音准问题在多数情况下限制甚至控制了教师的教学格局。大部分音乐教师在开展课堂合唱教学时，都由于学生的音准、节奏等问题感到力不从心。笔者在课堂合唱教学实践中也曾多次遇到瓶颈，甚至有的新教师从来不开展课堂合唱教学，仅仅让学生演唱主旋律，学生只能片面地感受音乐作品，从未涉及合唱的听感与乐趣。

2016年带着憧憬与神往，笔者加入了广东省陈燕名教师工作室进行学习。在多次的听课、磨课、评课、跟岗、分享中，笔者才真正认识和了解了课堂合唱的魔力与魅力。笔者逐渐将课堂合唱从发声练习开始，对合唱的概念从一年级的音乐课堂抓起，让学生在游戏、合作、分享、感受中体验合唱的魅力，感受合唱的"魔力"。

现在一年级学生已经可以分声部，按照老师的要求，进行简单旋律的二声部练习，并且，笔者时不时地还会把旋律改成生动有趣的简短歌词，他们也能按照老师的要求认真地完成演唱。

在广东省陈燕名教师工作室几个月的学习中，笔者已经从一个只会按照课本完成教学任务的传统音乐教师，成长为一名有思考、会反思、敢拓展、乐编创、能适应时代要求的新型音乐教师。

2016学年，笔者担任学校一年级级长，主要任教一、三年级的音乐课。笔者利用自身的能力条件，从一年级就开始开展课堂合唱教学，这在过去笔者是想都不敢想的。笔者利用每堂音乐课的前5分钟为课堂合唱教学做准备。笔者从音乐知识、音符的认识、音准、节奏、音程和声的练习等方面，配合柯达伊教学法，层层递进地对一年级学生进行训练。由于引用了柯达伊手势进行音阶模唱练习，学生能够通过更直观的视觉效果，更加科学、有效地把握音准，同时也对音阶模唱充满了兴趣。紧接着，笔者将音阶的模唱转变成不同的节奏型，做到同音不同节奏，让学生第一次感受到了合唱原来这样简单，从而激发了他们的学习兴趣，使他们更加主动地参与到每一次的发声练习当中。现在，通过一个学期的坚持训练，一年级的学生已经能按照老师所谱写的简单旋律，做二

声部合唱的简单配合了。学生通过合唱学会了倾听、感受，并能合作演绎音乐之美。

【思考】

这几个月的课堂合唱教学引发了我的许多思考，合唱教学应该是面向学生各年龄阶段的美学艺术。

其实，有许多教学任务不是学生无法完成，可能是教师的方法不够有趣，不够直观，不够科学，或者是教师不敢放手去做。通过向工作室各位优秀教师学习，我设计了更加有趣的形式，逐渐摸索出了更加科学有效的教学方法，让学生通过更加直观的方式感受和体验课堂合唱的魅力，并逐步掌握这项音乐技能。

现在，我的音乐公开课也不再局限于歌唱教学、欣赏教学，我也敢于进行课堂合唱教学了。

——佛山市顺德区伦教北海小学　张　婷

5. 学段贯通，实现"韵"的多元

班级合唱课程基于容桂小学的和韵课程，以容桂小学各班级为课程的基础探索，同时又不局限于小学学段的探索与研究。2017年，课题组申报了以班级合唱为入口的跨学段班级合唱课程研究，希望通过在不同学段运用课程探寻出班级合唱教学不同学段的特点与规律，形成贯通学段的可持续发展的课程体系。

【思考1】

班级合唱课程对中学生的影响

音乐课是学生美育的重要阵地，作为一名在一线教学多年的音乐老师，我每天都想把最美的音乐与孩子们分享。但是梦想很丰满，现实却很骨感。十三四岁的孩子是个小大人，他们有自己的朋友圈，也有自己的偶像。他们对严肃音乐嗤之以鼻，对枯燥的练习不感兴趣。一年多的班级合唱的实践，是我与孩子们共同成长和磨合的美丽时光。

班级合唱对学生的影响主要是提高了学生的鉴赏能力。现在的孩子对流行音乐的感觉很敏感，却对课本欣赏和演唱的内容不太认可，这使得音乐课参与度不强，课堂气氛不够活跃。

　　合唱艺术开始之初被人们当作最真善美的东西献给造物主，是在宗教敬拜中一个不可或缺的环节。新课程标准也把合唱放在一个很重要的位置："要更加重视并着力加强合唱教学，使学生感受多声部音乐的丰富表现力，尽早积累与他人合作演唱的经验，培养集体意识及协作、合作能力……使他们在演唱表现中享受到美的愉悦，受到美的熏陶。"合唱很美，但是怎样才能让孩子们接纳呢？感谢近几年流行合唱的发展，为班级合唱实践打开了一扇窗。

【案例】

　　一年前的一节音乐课，我在完成了准备好的教学任务后，还有一些时间，想了解一下孩子们最近喜欢唱什么。他们齐声说《夜空中最亮的星》……原来这是他们的班歌。当他们演唱这首歌曲的时候，脸上洋溢着属于他们这个年龄的喜乐和自信，这是唱课本的曲目时所不具有的。但是，他们的演唱因为太过兴奋，没有了平常老师教导的节制，真假声过渡不好，声音太白，位置也太低。虽然他们很喜欢，但那不是美的演唱。我突然想起了厦门六中也演唱过《夜空中最亮的星》这首歌曲，于是给他们欣赏了厦门六中改编的版本。后来，我们又欣赏了很多厦门六中演唱的作品。我们一起讨论为什么这样的演唱能获得那么大的成功，这么多人喜欢。孩子纷纷给出他们的答案：①旋律很优美、很动听；②和声唱得很美；③音色很和谐；④节奏律动很有动感……原来，在不知不觉中，孩子们的鉴赏能力提高了。

　　从此，在孩子们日常欣赏的歌单里多了合唱曲的身影。开始是流行合唱，慢慢增加到古典合唱。年底的时候，有位学生跟我分享，她专门在网上欣赏了一些圣诞颂歌，还了解了基督教的崇拜礼仪。我很高兴，合唱音乐已经进入她的生活，并帮助她去了解合唱背后的文化。这不正是我们新课标所要求的吗？

　　班级合唱的一只拦路虎已经被解决了，剩下的问题就是持之以恒地教学。

——容桂红旗中学　冯瑶

【思考2】

班级合唱课程可以提高学生的核心素养。

（1）在课程中往往歌唱的音色问题是首先要解决的问题。

形成正确的声音概念尤为重要。每节课，老师都要强调"眉开眼笑，轻轻唱"。开始的时候，学生总觉得这样的声音太小，不好听，慢慢才知道只有这样唱，声音才能和谐。这样的方法也便于真假声的混合与过渡，而且很轻松。一年下来，学生的音准节奏都有了很大的提高，并且学会用美的音色，用耳朵去演唱，这就培养了学生音乐学科的核心素养。

（2）学会了互相尊重。

班级合唱教学是老师和学生的一场较量。开始的时候，我总是使用老一套的方法，模唱、听音、唱练习曲……两个月过去了，收效甚微，学生不喜欢上音乐课了，对我是消极地抵抗。后来我反思自己的教学：手段太单一，没有尊重初中学生的生理和心理特点。在不断改进中我发现，更新观念，在理解、尊重学生的基础上因材施教，在教学中引导学生学会倾听、学会礼让、学会理解、学会表现、学会创作……慢慢地，学生越来越喜欢我的教学了，他们乐于参与教学的每一个环节，也越来越喜爱班级合唱课了，课程让他们学会了与人交往，学会了对不同音乐文化背景的理解。

（3）课堂的手段必须多样化。

其实基本练习不一定固定在课堂的前15分钟或后15分钟，也不是非要正襟危坐。

do/re/mi/fa/sol，别以为初中的学生就不喜欢故事和游戏了。一些小鸟在第一条电线上唱"do"，其他小鸟在第三条电线上唱"mi"；桌子上的书唱"do"，地上的书唱"sol"……这样简单的游戏不仅让课堂气氛没那么死板，更是帮助学生建立了音高的空间感，使他们不容易走音。

（4）在教学中要降低难度和期望值。

把合唱当作终身学习的艺术，也能让教师摆好心态，更关注学生的内心需要。教师对学生尊重，学生也从中学习到了与人交往的方式。在班级合唱的训练中，他们更懂得去尊重其他声部，用耳朵去聆听整体的效果。

（5）关注音乐的文学性。

音乐是人文科学的范畴，它不可能脱离其他学科而单独存在。与其他学科相融合的教学，不仅有利于学生音乐文化素质的提高，而且拓宽了学生的知识视野，并能通过艺术的方式提升学生其他学科学习的兴趣。

【案例】

当我们学习《德涅泊尔》的时候，孩子们找到了乌克兰的地理位置，了解了乌克兰民族的历史，并与俄罗斯的地理和政治联系，从而更加深刻地理解了歌词和乌克兰音乐的调式。

贝多芬是古典主义时期的重要代表人物。他身处的18世纪末19世纪初的欧洲是个经济与政治都在变革的欧洲。工业革命的到来促进了资产阶级革命的爆发。这个时代的贝多芬有着共和的理想，崇尚英雄。他曾说，他是用他的音乐来革命。他晚年的作品《第九交响曲》是他自由、平等理想的总结。第四乐章合唱所演唱的正是席勒的诗作《欢乐颂》。我与孩子们一边朗诵席勒的诗篇，一边感受作曲家的理想国度。当我们演唱《欢乐颂》这首合唱曲的时候，歌曲的情绪与音色已经了然于心。

班级合唱教学是既具有普及性又具有艺术性的活动，对培养孩子良好的音乐素养和合作意识有着积极的作用。学校举行的第一届班级合唱比赛，孩子们积极参与，努力排练，给全校同学带来了美的享受。愿更多的教师和学校走进班级合唱的实践，为我们的祖国培养更多高素质的人才。

——北滘君兰中学　龙艳梨

【思考3】

班级合唱课程对高中学生的影响

高中学生心理已经趋于成熟，自我意识的能力和水平有所提高。目前大多数00后高中生表现得非常自信，觉得自己能力很强，没有什么事情是自己做不成的。以自我为中心、自私也是00后高中生的特点，因此一旦碰壁，他们就很容易自卑，甚至用极端方式解决问题。00后高中生对音乐也很有自己的见解和想法，他们更愿意接触流行音乐，对于合唱接触比较少。但近年来流行的阿卡贝拉唱法吸引了部分高中生的眼球，特别是厦门六中合唱团结合流行歌曲的演唱，让学生对合唱有了新认识。

以前的音乐课堂最令老师头疼的是学生感觉枯燥无趣，不愿意参与课堂教学，老师在课堂上唱独角戏，或者是几个积极的学生和老师进行互动，大部分学生"看戏"。而现在的音乐课堂以班级合唱为主，要求全员参与，对合唱作品的选取贴近学生的需求，使课堂发生了改变，让学生在合唱的音响中感受和声，体验音响，给学生带来成就感。就像一个班的学生说："老师，没想到我们也能唱合唱，我觉得很美好。"课堂上老师不再是自导自演，而是真正的指挥者，老师根据学生不同的接受能力和音乐基础来分配声部，学生感觉课堂上有事做了，而且是自己能做的。这就是班级合唱的优势：可以全员参与、全员体验、全员提升。

【思考4】

合唱与历史学科的整合

音乐和历史不仅有着密切的联系，而且在历史发展的过程中还能起到一定的积极作用。在历史发展的每一个重要时刻都留下了音乐的声音，其中不乏很多优秀的合唱作品。因此，通过对合唱作品的赏析，可以加深学生对历史的了解。

【教学实录】

寻找历史中的合唱声音

师：今天，我们在合唱作品中推开历史的大门，寻找中西方历史中合唱的声音。

环节一：聆听两首合唱作品，一同走进西方历史。

播放合唱作品《一个孩子将为我们诞生》《欢乐颂》，让学生从音乐产生的时代、作曲家、音乐创作手法等多个方面了解合唱作品的历史背景。

生1：《欢乐颂》来自贝多芬所创作的《第九交响曲》第四乐章，音乐气势恢宏。

师：是的，那贝多芬是基于什么历史背景创作该作品的呢？

生2：这首合唱作品创作于反法西斯战争时期，表现了世界人民向往和平、自由、平等的愿望。

生3：《一个孩子将为我们诞生》选自清唱剧《弥赛亚》。

…… ……

环节二：聆听两首合唱作品，一同走进中国历史。

播放合唱作品《太行山上》《城南送别》，让学生从音乐产生的时代、作曲家、音乐创作手法等多个方面了解合唱作品的历史背景。

…… ……

6. 立德树人，深耕"韵"的土壤

艺术课程的育人功能是课题组紧抓不放的一个良好契机，班级合唱课程在娱悦身心、凝聚力量的同时，担负着"立德树人"的伟大使命。立德树人是发展中国特色社会主义教育事业的核心所在，是培养德智体美劳全面发展的社会主义建设者和接班人的本质要求。班级合唱课程是教育思想、教育目标和教育内容的主要载体，是学校教育教学活动的基本依据，直接影响学生的培养质量。

我们在课程的实施中认真贯彻落实教育部的有关精神，积极探索，勇于实践，在寻求学校发展、师生培育的过程中"深耕"和韵的土壤，积极推动课程改革取得显著成效，从而实现德育为先、能力为重、全面发展的教育理念。

在过去的三年中，容桂小学连年被评为区先进学校、佛山市示范教研组，师生在和谐有机的土壤里健康成长。

第三章

班级合唱的技能训练

第一节 呼吸训练

正确的呼吸是歌唱者学好声乐的一个重要而关键的因素。它既是艺术表现的手段，又是歌唱发声的动力。发声是否准确，音质是否优美，都与呼吸有密切的关系。辩证地说，正确的呼吸方法是实现歌唱机能调节的关键环节，在正确的歌唱方法中，一定包含着正确的呼吸方法。

一、呼吸的类别分析

（一）胸式呼吸

胸式呼吸主要是以胸部控制气息的方法，吸气时胸部上抬，通过肋骨的收缩与扩张对气息进行控制。这种呼吸方法由于气息都在胸部，气息太浅且气息量小，没有横膈膜与腹部肌肉的支撑，很容易使喉肌紧张，影响音域的扩大和声区的统一，声音缺乏应有的色彩变化，易产生紧绷、生硬的效果。

（二）腹式呼吸

腹式呼吸通过下降横膈膜，用腹部肌肉控制气息，演唱时不提肩，只用腹部肌肉扩张或收缩的方式控制气息，或者在演唱时肚子一直处于外凸状态。这种呼吸方法因将气息压迫得过深，腹部膨胀，使胸腔肋骨受到压缩，失去胸腔肋间肌肉控制呼吸的能力，气息容量不大，声音笨拙不灵活，影响音域的发展，在高音演唱时尤其困难。

（三）胸腹式呼吸

胸腹式呼吸是目前声乐界公认最可取的歌唱呼吸方法。它是一种运用胸腔、横膈膜和腹部肌肉共同控制气息的呼吸法。这种呼吸方法全面调动了歌唱呼吸器官的能动作用，使胸腔、横膈膜和腹肌互相配合，协同完成控制气息的任务；吸气时肋骨扩开横膈肌下降，肋骨扩张与横膈肌同时作用，腔体增大，吸入的气息量大；可以灵活地控制呼吸，呼气均匀而深沉，并能对呼气的强弱进行调节，使声音的高、低、强、弱变化控制自如。这种呼吸法分担了以上两种呼吸导致的胸部紧张，呼吸支点明显，音量、音域都得以扩大，声区调和统一，声音的表现力丰富。

二、呼吸训练在童声合唱中的重要性

童声合唱是合唱艺术中一种特殊形式，构成合唱团的成员以青少年为主，这个年龄段的学生，身体机能尚处于发育阶段，声带器官的发育也尚未成熟，接受系统的音乐训练时间不足，还不能完全准确地掌握声部发音技巧。因此对参与童声合唱的学生进行一定的声乐训练，尤其是对他们进行呼吸训练，显得尤为必要。

人在正常状态下，呼吸的频率是相对稳定的，而在歌唱状态中，呼吸频率被打乱，如果不能很好地调节呼吸，对歌唱效果将会产生极大的影响。古人所说的"善歌者，必先调其气也"便是这个道理。

歌以声而动，而发声的关键在于呼吸，只有掌握正确的呼吸方法，才能在歌唱中呈现最自然的声音状态。尤其是在合唱中，掌握良好的呼吸调节技巧，才能保证合唱中声音的统一与协调，保证合唱的音质及音效达到最理想的状态。

呼吸对于歌唱至关重要，无论是儿童还是成人，歌唱中的呼吸无一例外地都采用的是胸腹式呼吸，这种呼吸要比自然状态下的呼吸深沉平稳。但由于儿童自身条件所限以及接受歌唱训练的程度不同，尤其是未受过系统歌唱训练的儿童，他们的气息尚浅，在歌唱之初往往出现以下现象：歌唱过程中，吸气时，鼻子使劲抽气，同时伴随着两肩高耸，上胸口鼓，而呼气时毫无控制地一呵而出，胸部肌肉随之完全松懈，无法连贯地做呼吸动作。这种状态严重影响歌唱的发声效果。针对这一情况，作为合唱中的成员，必须树立正确呼吸的意识，明确掌握基础的呼吸技巧的重要性。而作为合唱教师，自身必须具备扎实的专业知识，与此同时，还需要掌握一定的教学技巧，选择合适的教学方法。一般来说，需要结合合唱成员的实际状况，通过形象的语言及正确的示范，引导学生对其理解并内化于心，在不断地练习中掌握良好的呼吸习惯及技巧。

三、合唱呼吸训练

合唱和独唱都是在呼吸基础上进行的，合唱的呼吸方法与独唱也是相同的，但在合唱训练过程中，保持呼吸是不够的，追求的是整个合唱的和谐，需要所有成员对呼吸概念进行掌握，在音响上将个人独特的训练形式结合起来，使其可以形成一个整体，因此合唱呼吸训练和独唱训练是存在差别的。在合唱训练过程中，呼吸训练是最基础也是最容易被忽略的，呼吸训练不规范、不科学，整个合唱音响将会失去意义。

（一）平躺式呼吸法

平躺式呼吸法是一种类似于平时睡觉时的状态，研究表明，人在平躺时，身体处于一种最为放松的状态。在这种状态下，运用两肋、横膈膜和小腹同时扩张的自然、均匀、深长的呼吸状态与感觉，能够更好地体验歌唱的胸腹式呼吸的方法。

（二）闻花式呼吸法

通常，我们都会有这样的体验：看到一束娇艳无比的鲜花，就会忍不住凑上前去闻一闻，在闻的过程中，同时伴随着吸气动作，这时会感到胸廓自然地向前、向上抬起，同时腰围也向四周张开吸气，形成一个救生圈似的气带。这种自然、平静、柔和的吸气状态与感觉，能更好地体验歌唱时的深吸气状态。闻花式呼吸法的正确姿势是：以立姿为主，两肩自然垂于身体两侧，在自然地吸气的同时，小腹微收。这时候，要有两肋张开的感觉，在张开程度达到八成时，保持这一动作两秒，然后进行呼气动作，动作轻缓，如此反复。进行闻花式呼吸法练习，便是多次重复以上动作。

（三）哈欠式呼吸法

人们对于打哈欠的动作并不陌生，因而选择哈欠式呼吸法，也能够使人们认同，并且理解掌握起来也更为容易。人在打哈欠时，稍加注意就会发现随着吸气的过程，打哈欠的过程不仅使腰围膨胀，而且使所有腔体都充分地张开了，给人一种身体充满气息的感觉。哈欠式呼吸法便是利用这种自然、舒展、饱满的吸气状态与感觉，去体验歌唱时的深吸气状态。

（四）惊讶式呼吸法

当人处于极度惊讶的状态时，一般都会有倒吸一口气的感觉。研究表明，人在被突如其来的人或事吓到惊愕状态时，就会感觉到两肋、膈肌和小腹在一刹那迅速张开，气息同时被吸入肺的底部，横膈膜快速而有弹性地下沉并将气屏住。惊讶式呼吸法就是用这种快速、敏捷的深吸气状态与感觉，去体验歌唱时的快速吸气。

（五）喘气式呼吸法

人在参与高强度活动之后，身体处于极度疲惫的状态，所表现出来的便是通常所形容的"大汗淋漓""气喘吁吁"。处于这种状态的人，一般都会张大嘴巴、打开喉咙急促地喘气。这一做法主要是调动身体各器官，使其共同参与呼吸活动。这样便能够加快呼吸的速度，增大呼吸的幅度和肺活量以及呼吸肌肉群的弹性和柔韧性。我们要用这种速度快、容量大、弹性强的深呼吸状态与感觉，去体验歌唱时的深呼吸。

（六）哭泣式呼吸法

当我们十分伤感地哭泣时，就会感到在情感的驱使下，两肋、横膈膜、小腹及后背都有明显的深呼吸动作，特别是横膈膜上下升降的动作也十分明显有力，气息既流动又通畅。我们用这种流动、通畅而有力的呼吸状态与感觉，去体验歌唱时用情感带动吸与呼的状态。

（七）大笑式呼吸法

当我们发自内心地开怀大笑时，就会觉察到吸气肌肉群与呼气肌肉群，特别是两肋、膈肌和小腹都积极地参与呼吸运动。这时，不但呼吸的部位符合歌唱的要求，而且呼吸的支点很明显，气息与横膈膜的弹性也极好。我们就需要用这种兴奋、积极、有支点的呼吸的状态与感觉，去体验歌唱时的呼吸状态。

（八）叹气式吸气法

叹气是人本身具有的、自然的一种呼气方式，可以使人体在叹气后保持一种松弛的状态，而这种状态正符合歌唱呼吸所需要的自然、放松的基本要求。在此基础上气息的吸入，就能做到歌唱呼吸所要求的松、通、深，先叹后吸，叹到哪儿就从哪儿吸。唱的过程中注意保持叹的状态，每个乐句都要如此，形成良性呼吸循环，歌唱时就可以克服气浅、气僵的问题。

当然，练习呼吸的方法还有很多，如类似用吸管吸饮料的吸气方法、类似吹蜡烛时的呼气方法等，我们可以用这些感觉去体会歌唱时横膈膜控制气息的感觉等。在生活中，还有很多经历都可以成为我们练习呼吸的有效方法，练习者要用心去感受，结合自己的实际情况，认真总结体会，找出适合自己并且行之有效的方法。

第二节　音准训练

　　合唱音准就是歌唱时音高的准确性。对于音准的类型，一般分为两种：一种是旋律的（横向的）音准，即各声部齐唱的音准；另一种是和声的（纵向的）音准，即合唱总的音准。各声部的音准是合唱音准的基础，如果有的声部齐唱不准，合唱的和谐就难以保证。

一、音准的概念

　　合唱的音准即音高的准确性，主要是通过演唱者对发声器官的自我调节来实现。然而，影响音准的因素是多方面的，作品风格是其中一个方面。音准的获得还有赖于敏锐的听觉、优良的乐器、精湛的技巧与适宜的演出环境。除此之外，演唱者的情绪状态也是不容忽视的一个方面，散漫、疲劳或低落的情绪都会影响音准。可以说，良好的状态更有助于合唱音准的和谐和统一。

　　对于歌唱而言，演唱者主要是通过调节自身发声器官的功能来实现歌唱中的音准的，一般需要控制声带的长短、声音的位置以及共鸣等。而对于合唱来说，除掌握基本的发声技巧外，还需要做到与其他表演者的和谐与统一。这里所说的"和谐与统一"便涉及音准的问题。当前，音准是任何音乐艺术形式都必须具有的，是众多音乐形式的共同点，只是由于合唱艺术的特殊性及复杂性，音准才被格外强调。

　　不同于一般的音乐形式，合唱属于多声部的演唱，这就意味着在演唱单声部歌曲时，可能对音准的把握较为准确，而一旦进入合唱状态，对于音准就很难控制好，这就说明对除自身之外的其他声部的抗干扰能力是影响音准的一个很重要的因素。合唱是一种集体的演唱方式，合唱音准同时受到每一个合唱成员音准的影响，只有合唱中的每一个成员在音准上达到协调，才能获得整体的音准效果。

在对合唱成员进行音准训练时，要从生理和心理两个方面对其进行引导与调节，与此同时，还应该对影响音准问题的其他因素如音律学、调式调性、咬字吐字、音区、速度、力度、共鸣等的运用进行综合协调，只有这样，才能保证合唱成员对合唱及影响合唱效果的音准问题在认识上有所提升，加深对音高及倾向感的把握与认识。

对合唱艺术的把握不仅要从横向上感知音乐的旋律、作品的内涵，还应该从纵向上对其进行多层次的分析，尤其是和声的色彩性。基于不同层次的听辨及感悟能力，是合唱所必备的能力之一。

二、音准的类型

音乐中的视唱与合唱都是通过唱来呈现其艺术魅力的，无论是单旋律的独唱还是多声部的合唱，唱是最基本的形式。因而，对音准的把握是保证艺术效果的前提条件。针对不同的演唱形式，可将音准划分为两种，即旋律音准与和声音准。

旋律音准是音乐中按先后顺序出现的音，它所体现的是音与音之间的关系，即横向音高问题，代表着不同旋律音之间的关系的准确性。从层次上来说，旋律音准强调的是单一声部旋律走向的准确性。这与我们平时所接触的主旋律相似，旋律音准都是强调单一声部横向运动的线条。在合唱教学中，对单一声部的独立性要求也即旋律的音准要求。无论是视唱练耳还是合唱训练，其训练的重点都是对单一声部的音准训练，要求从横向上加强对任意相邻音的认识，建立二者间的准确关系，这是音准能力浅层次的初级阶段的要求。对音准的训练是合唱训练的基本要求。

旋律音准是和声音准的基础。和声音准一般是指声音来自多个声部，体现的是声音在纵向上的联系。和声音响强调的是多声部同时行进的效果。通俗地讲，和声音准就是我们常见的和弦音准。在视唱练耳教学中对和声音程、和弦、调内和弦解决与连接、二声部、多声部视唱的练习就是针对和声音准的练习。在合唱中，和声音准的地位和作用是极为突出的，对合唱效果的影响也是最为直接的，和声音准问题常见于多声部视唱与合唱的排练。和声音准能够鲜明地表达出音乐的和声色彩、音乐的层次安排等内容。

三、音准训练的意义

音准与音乐艺术效果的表达有着最为直接的关系，它是音乐形象中最基本的元素。在合唱艺术中，音高按照一定的规律整合出现即可视为音高的准确性，即达到一定的音准。

音准与音高并非同一个概念，只能说两者之间存在着某种转化关系，只有两个乐音在音高上变化才能反映音准。如果两个延续的音在音高变化上符合音律规范，这样的音带给人的感觉就是音准；相反，不合乎音律规范，出现游移、浮动等，就会给人以不和谐的感觉，即对音准把握不准确。一般出现这种情况，通俗地说，就是唱歌跑调或走调。

对于演唱者来说，对音准的把握是其必备的能力。如果连基本的音准都掌握不好，就很难呈现完美的音乐艺术。不具备音准能力的人，是难以在音乐活动中有所造诣的。

音准贯穿任何一项音乐活动，无论是音乐的演出还是音乐的演奏，抑或音乐作品风格的把握、节奏、音色的呈现等，都离不开音准的调节与控制。由此可见音准在音乐中的地位与作用。音乐艺术性的提升必须加强音准的训练。而适当地通过系统的音乐学习，强化基本的音准练习，音准能力是有很大提升空间的。对于音准的训练，不能仅仅局限于视唱练耳技术层面的学习，还应该从更宽泛的视角出发，综合与音乐能力相关的其他方面，如音乐概念的形成、听觉习惯的形成、音乐感觉的培养和音乐价值取向的确定等。

音准是音乐学习的基础，只有掌握基本的音准能力，才能更准确生动地表达作品的内涵、情感和意境。作为合唱指导者，应该强化音准意识，结合学生实际多角度、多层次、多手段地引导学生加强对音准重要性的认识，强化音准训练。唯有如此，才能确保学生在音乐的广阔天地自由驰骋。

四、音准训练的方法

（一）旋律音准的训练

旋律音准对合唱效果有着最为直接的影响，对旋律音准的把握便是对先后发声的横向音程的准确性的要求。合唱成员在训练旋律音准时，应将音程的准确性作为训练的重点。

1. 音程的音准倾向性处理

在演唱纯四、纯五、纯八等纯音程时，要求声音必须平行进行，平稳处理音准，不能有偏高或偏低的倾向。大音程作为部分协和音程，其中有一音稳定而另一音扩张，在演唱时，要适当做单向扩大。例如，在两个旋律音的进行中，上行时第二个音的音高要适当向上提，下行时第一个音的音高要适当向上提。大音程的音准倾向性处理如图3-2-1所示。

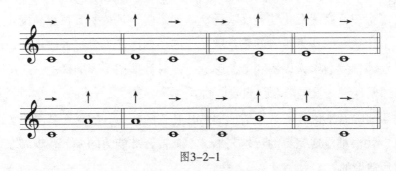

图3-2-1

小音程作为部分协和音程，在演唱时也是一音稳定，另一音适当稳定，应做单向缩小，即两音之间单向缩小音程关系，在演唱时要把握好单边向内的倾向感。小音程的音准倾向性处理如图3-2-2所示。

图3-2-2

增音程作为不协和音程，两音均为不稳定音，内在紧张度大，因此在处理音准时要双向扩大：上行时第一个音略偏低些，第二个音略偏高些；下行时第一个音偏高些，第二个音偏低些。增音程的音准倾向性处理如图3-2-3所示。

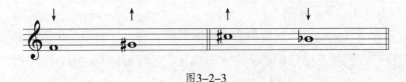

图3-2-3

减音程作为不协和音程，在演唱时与增音程相反，要双向内缩：上行时第一个音偏高些，第二个音偏低些；下行时第一个音偏低些，第二个音偏高些。减音程的音准倾向性处理如图3-2-4所示。

图3-2-4

以上情况在训练中需联系实际来判定处理，不能孤立地看待。

2. 调式范围内的音准倾向处理

这里重点阐述自然大小调，其中小调包括自然小调、和声小调和旋律小调。

（1）自然大调。在自然大调内，调式中的主音（第Ⅰ级）、属音（第Ⅴ级）、下属音（第Ⅳ级）作为调式正音始终是稳定的，而中音（第Ⅲ级）和导音（第Ⅶ级）倾向偏高。尤其是导音，由于其倾向依附主音，在大调中演唱时宁高勿低。在处理大调式的上主音（第Ⅱ级）和下中音（第Ⅵ级）音准时，一般上行应略带偏高倾向，下行应略带偏低倾向。由于下属音（第Ⅳ级）在下行时往往带有导向中音（第Ⅲ级）的倾向，因此在下行的音准上需要略做偏低处理。

（2）自然小调。在演唱自然小调时，成员不能把大调的感觉用于小调。自然小调的主音（第Ⅰ级）在稳定的同时要带有略微向上的倾向感，以配合小三度音程关系，主音的抬升又带动属音略有抬升，再通过降低三音，加强了小三和弦朦胧、抒情的感觉。

（3）和声小调。在和声小调中，除中音（第Ⅲ级）和下中音（第Ⅵ级）均需在音准上做偏低处理外，其他各级音在音准处理上与大调式相似。

（4）旋律小调。在旋律小调中，上行具有小调特性而下行具有大调特性。凡音阶上行时，除下中音（第Ⅵ级）需略做偏高处理外，其余音准处理与和声小调相同；当音阶下行时，其音级的音准处理等同于自然小调。

3. 旋律音准中的变化音

如果说自然音对于合唱成员来说还相对容易掌握，那么变化音则会给合唱成员带来一定的困难。训练时，成员要分析清楚音的变化性质，并对音程高度感有较好把握。

（1）升号的变化音。在音列中，升号的临时变化音一般作为待解决音或装饰音、辅助音来使用，变化音紧靠自然音，其倾向高于并导向自然音。在出现两个或两个以上临时变化音时，需寻找相邻的自然音辅助找音高，例如，"♯"找"1"辅助。

（2）降号的变化音。在自然音列中，降号的临时变化音一般作为后一自然音的被解决音或经过音、辅助音来使用。变化音依靠自然音。如有两个或两个以上的降号变化音，就要寻找自然音来辅助找音高。

（二）和声的音准处理

和声音准就是指和声运动中各和弦音在音准上的相对准确性。在合唱训练中，指挥会要求成员有良好的和声倾向感，这就需要成员反复弹唱总谱、仔细研究和声，逐渐培养相应的能力。下面就常用的三和弦、七和弦的音准处理做简要说明。

1. 三和弦的音准处理

三和弦是指由三个音按三度关系叠置而成的和弦，包括大三和弦、小三和弦、增三和弦、减三和弦四类。其中大、小三和弦为协和和弦，增、减二和弦为不协和和弦。不同性质的和弦在演唱时，其倾向性有所不同。例如，大三和弦在演唱时首先要保证根音和五音的协和，然后要求三音的音高略向上提；小三和弦是将三音的音高做偏低处理；减三和弦紧张度较高，需将其根音略做偏高处理，五音略做偏低处理，使其运动的倾向性更明确；增三和弦有分离外扩的倾向，可将其根音做偏低处理，五音做偏高处理，三音则平稳进行。

2. 七和弦的音准处理

七和弦是指由四个音按三度关系叠置而成的和弦，包括大大七和弦、大小七和弦、小大七和弦、小小七和弦、半减七和弦、减减七和弦等。在演唱时，大大七和弦的三音和七音倾向偏高；小大七和弦的七音倾向偏高，三音偏低；大小七和弦也叫作属七和弦，比其他七和弦相对稳定柔和，七音倾向偏低，根音、三音、五音按照大三和弦的倾向规律进行；小小七和弦的七音应适当向下倾斜，根音、三音、五音按照小三和弦的倾向规律进行；半减七和弦是在减三和弦的基础上加一个大三度叠置而成，也是减三和弦与小三和弦的结合，其五音倾向应偏低，根音须适当偏高，形成内缩型；减七和弦的紧张度较其他和弦更强，因此处理音准时更要注意其倾向运动，根音略偏高，五音、七音偏低。其他和弦如九和弦、十一和弦等，由于在合唱中运用较少，就不一一单列说明了。

第三节　识谱训练

一、五线谱的基本构成

（一）基础知识

五线谱由五条平行的横线组成，用来记写音符。音符记在线上，以位置的上下标明音的高低。五条线自下而上分别被称为第一线、第二线、第三线、第四线、第五线。线与线之间所形成的空间叫作"间"，自下而上分别称为第一间、第二间、第三间和第四间。在线和间不够用时，可以在五线谱上方或下方增加线和间，加线及加间又分别被称为上加一线、上加一间、下加一线、下加一间等。五线谱的线和间如图3-3-1所示。

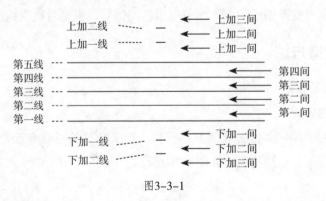

图3-3-1

（二）五线谱表

写在五线谱的最左端，用以确定五线谱上音高位置的记号叫作"谱号"。钢琴的常用谱号有高音谱号（也叫G谱号）和低音谱号（也叫F谱号）。

谱号与五线谱结合在一起叫作"谱表"。以五线谱的第二线为中心，标记高音谱号，称作"高音谱表"；以五线谱的第四线为中心，标记低音谱号，称作"低音谱表"。把高音谱表和低音谱表用花弧线（或大括号）加垂直线联合起来，就称作大谱表。五线谱表如图3-3-2所示。

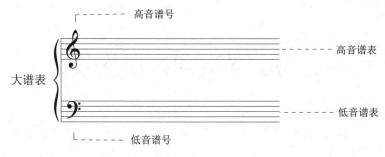

图3-3-2

（三）拍号

在音乐中，用来表示不同拍子的记号，叫作"拍号"。

拍号用分数的形式来表示。分母表示拍子的时值，分子代表每一小节有多少拍子。如2/4表示以四分音符为一拍，每小节两拍；3/4表示以四分音符为一拍，每小节三拍……

拍号的读法是先读分母，再读分子，如2/4读作"四二拍"，3/4读作"四三拍"，6/8读作"八六拍"。拍号只在乐曲开始的第一小节标记一次，记写在调号的后面，之后的每行谱子不再标记。但如果在乐曲中间需要变换拍子，则需要在所变换拍子的那一小节写出新的拍号，直到再次变换拍子。

二、识谱方法

（一）认识音符

1. 音符的组成

音符是用于标记并区分长短音的符号，构成音符的通常有三个部分，即符头、符干和符尾。音符的组成如图3-3-3所示。

图3-3-3

2. 音符的时值

音符的时值也称音符值或音值，其作用是表示音符间的间隔时间。按照音符时值的比例来说，1个全音符等于2个二分音符、4个四分音符、8个八分音符、16个十六分音符、32个三十二分音符等。音符的时值关系如图3-3-4所示。

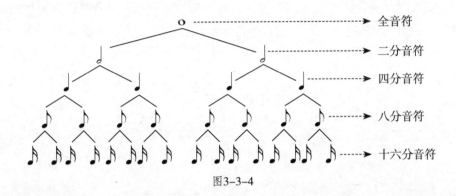

图3-3-4

（1）全音符。没有符干和符尾的空心音符叫作"全音符"。它的时值是所有音符中最长的，其他音符的时值都比它短，并且以它为准，依次分为两半。

（2）二分音符。带有符干、没有符尾的空心白色音符叫作"二分音符"。它的时值是全音符的一半，等于全音符时值的1/2。

（3）四分音符。带有符干、没有符尾的黑色音符叫作"四分音符"。它的时值是二分音符的一半，等于全音符时值的1/4。

（4）八分音符。带有符干和一条符尾的黑色音符叫作"八分音符"。它的时值是四分音符的一半，等于全音符时值的1/8。

（5）十六分音符。带有符干和两条符尾的黑色音符叫作"十六分音符"。它的时值比八分音符还小一半，等于全音符时值的1/16。

此外，还有三十二分音符、六十四分音符等，它们的时值都是与它相邻的较大音符时值的一半。

（二）休止符

休止符是乐谱上标记音乐停顿时间长短或静止的记号，它是非常重要的音乐符号之一。使用休止符，可营造出音乐乐句中不同的情绪。

休止符依据停顿时间的长短来命名，分为全休止符、二分休止符、四分休止符、八分休止符、十六分休止符等，它们的时值和相对应的音符相等。

（三）附点、附点音符和附点休止符

记在音符右方的小圆点叫附点，它的作用是延长前面音符或休止符时值的一半。带有附点的音符叫作"附点音符"。附点音符的时值需要延长它本来时值的一半，比如，以四分音符为一拍，附点二分音符应弹为两拍加一拍，共三拍；附点四分音符应弹为一拍加半拍，共一拍半；附点八分音符应弹为半拍加四分之一拍，共四分之三拍。附点音符如图3-3-5所示。

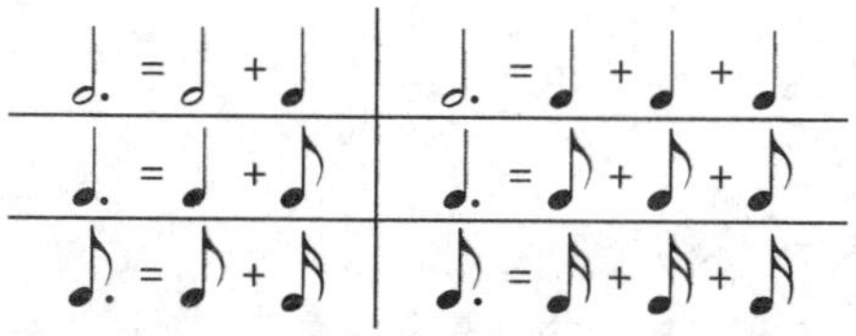

图3-3-5

带有附点的休止符叫作"附点休止符"。在记谱时，一般用相等的休止符来代替附点。附点休止符如图3-3-6所示。

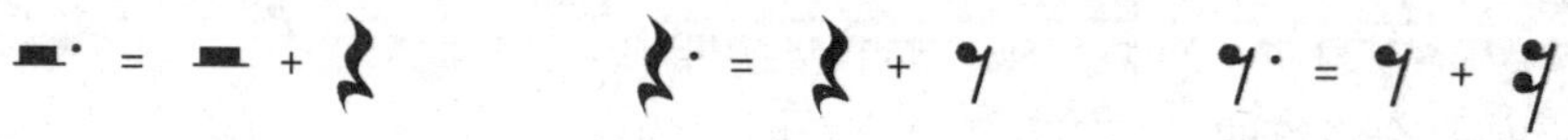

图3-3-6

（四）变音记号

变音记号是表示音级升高或降低的记号，它可以记在线上或间上，共分为五种，分别是：

①升记号，记作"♯"，表示将基本音级升高半音。

②降记号，记作"♭"，表示将基本音级降低半音。

③重升号，记作"×"，表示将基本音级升高全音。

④重降号，记作"♭♭"，表示将基本音级降低全音。

⑤还原号，记作"♮"，表示将已升高（包括重升）或降低（包括重降）的音还原。

在五线谱中，记在谱号后面，用以表示乐曲所用调域的变音记号，被称作"调号"。调和调号如图3-3-7所示。调号对乐谱中所有同名音都有效。也就是说，调号中的升降号标在哪个音的位置，则乐谱中遇见所有这个音以及它们

的同名音（八度的倍音）都要按谱号中的升降号升高或降低半音。例如，调号中有一个升号，标在高音谱表的第五线（F音）上，就表示该谱中所有的F音在弹奏时都要将其升高半个音；又如，调号中有两个降号，分别标在高音谱表的第三线（B音）和第四间（E音）上，则该谱中所有B和E都要降低半音。

图3-3-7

三、识谱教学内容

在构成音乐素养的众多因素中，熟读乐谱是最基本的。在大众眼中，识谱与唱谱是统一的。能识谱，意味着一个人具备一定的乐理知识。通常，如果一个人能够运用熟悉的旋律唱出乐谱，但对于乐谱上的节奏符号不甚了解，也不能准确表达拍子的强弱关系及意义，笔者认为，这不能算真正意义上的识谱，也未必具备识谱的技能。

对于任何知识与技能的学习，掌握都是基础，而运用才是根本目的。对于音乐知识来说，掌握基本的乐谱知识是前提，而唱谱才是关键，是乐谱知识的运用和体现。所以，任何一门技能的学习都要达到灵活运用的目的。在识谱教学中，教师不仅仅教会学生基本的乐理知识，更重要的是教会学生掌握和运用唱谱技能，做到知识和技能并重。具体的识谱教学应包括以下内容：认识表现各种音高的音阶以及表现各种节奏的符号。此外，学生还应掌握常见的音乐记号，培养学生模唱乐谱、视唱乐谱、运用乐谱的能力。

其中，音阶认识包括唱名和音名的认识，获得音与音之间的音程感。认识和表现各种节奏符号主要是指认识各种表现时值长短强弱的符号。总之，对相关应用符号的认识旨在丰富学生的音乐知识，开发学生的音乐表现能力、音乐感知能力、音乐欣赏能力和音乐创造能力。

表现节奏符号是为了便于呈现音乐的旋律。通常，对于简单的节奏，可通过以下方式呈现，如声音（人声、器乐声或其他）、语言（节奏的语言）、身体动作（拍手、跺脚、摇晃身体、律动）等。

模唱乐谱是在教师的引导下，先由教师领唱或是聆听其他优秀演唱家的演唱，然后由学生跟着乐谱模仿着唱。这是一种较为直接，也较为简单有效的方法。前提是教师必须具备专业的演唱技能，且作品与学生的实际相符合，难易适中。通过这种方式，学生的识谱能力会有一定程度的提高。

如果说模仿是最基本、最容易的方法，那么视唱便是一种较高级别的能力，需要学生具备各种扎实的乐理知识和技能。一旦学生掌握了能力，也就意味着他们具备了一定的自学能力，能够轻松驾驭一般的音乐作品。尽管如此，我们也不能就此选择专业的视唱练耳教学来培养学生的识谱能力。乐谱的学习是一个循序渐进、不断积累的过程，我们需要在音乐实践中用乐谱来培养学生的识谱能力，这样更实际，也更容易解决问题。

相较于视唱，乐谱运用是识谱学习的最高层次。任何知识的学习，其最终目标都在于运用，只有在运用中，才能体现其价值，并将价值发挥到最大。音乐教师应注重培养学生对乐谱知识的灵活运用能力，引导学生根据音乐记谱或将自己的音乐思想情感以乐谱的形式展现出来。

四、识谱训练方法

（一）训练节奏，为演唱曲谱打下扎实的基础

节奏，犹如船之舵，对节奏准确把握，才能确保航行的方向，顺利到达彼岸。对于合唱来说，准确的节奏是视唱曲谱的前提和保证。在声乐教学中，对节奏的训练，对于乐谱的学习能起到画龙点睛的作用。教师应该有意识地帮助和引导学生分析曲谱的节奏类型。对节奏的掌握，有助于解决识谱中的一系列问题。对节奏的训练，可以从以下几个方面着手。

1. 节奏与生活相联系

教学应该源于生活，这样才便于学生对知识的理解和接受。在节奏教学

中，教师可以引导学生从身边常见的现象入手。例如，母鸡下蛋是我们习以为常的现象，教师可以母鸡下蛋后"咯咯嗒"的叫声引导学生认识前十六分音符节奏，与此同时，为加深学生的印象，可以出示后十六分音符节奏，通过两种音符的对比，学生便能够很容易地掌握二者的特点，很直观地将二者区分开来。又如，炎炎夏日，知了叫个不停，教师可以从知了的叫声引导学生理解附点节奏前长后短的特性，还可以从体育课上老师的口令声以及汽车喇叭嘀嘀嘀的声音引导学生掌握节奏切分的形式。

2. 直观形象的动作演示

节奏有强弱之分，对于不同的节奏，可采用不同的方法加以训练。例如，对于弱节奏，就可以运用数拍法来解决。具体做法如下：首先确定歌曲节拍和弱起拍的位置，然后数出在它之前的拍数。方法不定，因人而异，可以用手，也可以脚点击以示拍数，这样做的好处是便于起始拍数的统一。而对于节奏中的休止，可以用直观的动作来解决。具体做法是：将手握拳，需要注意的是，一般以空拳的形式来指示休止。对于休止符的时长问题，可根据握拳幅度的大小来表示四分、八分等。除此之外，常见的表示休止符的方法还有点头、拍腿、点地等。

3. 变化练习的速度

歌曲中的曲谱是跌宕起伏的，对于相对较难的乐句，可以通过变化速度来练习，如一拍时值变为二拍时值，三连音变为三拍等，通过分阶段练习、加工难点逐步击破之后，再按正常的节奏进行练习。这种灵活变化的练习形式，能够降低学习的难度，有助于学生对节奏的把握。在节奏练习中，教师要善于引导学生观察生活。艺术来源于生活，生活中随处可见的声音与节奏都可以作为学生练习音乐节奏的基础。教师可将生活中所熟悉的声音与音乐节奏结合起来，让抽象的节奏练习变得生动而形象，更能激发学生的兴趣，同时能够最大限度地发挥学生的模仿潜能，让学生的节奏感在轻松愉悦的体验中得到潜移默化的锻炼和提升，有助于教学目标的达成。

（二）听唱结合，提高学生把握音准的能力

音准是音乐艺术的核心，对于任何形式的视唱曲谱，音准都是至关重要的。不具备基本的音准把控能力，就会造成曲谱演唱中音高的跑偏，不仅改变音乐的风格，严重者直接导致音乐艺术的不复存在。因此，加强学生把握音准的能力极为必要。这不仅仅是教师的责任，更是音乐艺术的基本要求。学生的音准能力可以通过适当的练习加以提升，所以在音乐教学中，教师要有意识地强化音准训练，结合学生的个性特征及实际水平制订科学的训练计划，并有针对性地采取相应的教学方法。

1. 听辨和模唱唱名

唱名是听辨训练的基础，在进行唱名训练时，教师可先从音阶入手，让学生仔细听，在学生熟悉并形成一定的记忆之后，再进行下一阶段的练习，即让其辨别音的高低，最后进行模唱。如此反复进行并运用手势加以辅助，可以强化学生的记忆，加速其对唱名的了解和印象，在此基础上逐步建立唱名音程感。音程感的形成有助于推动识谱演唱的顺利完成。教师在进行听辨和模唱唱名的训练中，要秉持循序渐进的原则，不能操之过急，否则适得其反；此外，更关键的是要结合学生的实际，以学生为中心，做到因材施教。

2. 演唱歌曲歌谱

学生在掌握了基本的节奏与识谱能力的基础上，可进行适当的曲谱演唱。可以说，唱名音程感和准确节奏感是演唱的前提。一般来说，低年级学生的唱名音程感和节奏感都还不是很强，如果这时候强行让其进行曲谱演唱，不仅达不到好的教学效果，甚至会挫伤学生对音乐学习的积极性，影响学生在音乐道路上的长远发展。针对这种情况，正确的做法应该是继续巩固、强化他们的唱名音程感和节奏感，可采用多唱唱名和节奏练习的方法。具体可采用如下方法来达到训练的目的。

（1）词谱结合。在音乐教学中，很大一部分教师只注重对歌词和曲调的把握，这是一种片面的教学。这种教学过程亟待改进。无论是歌谱还是歌词，都应该纳入教学的范畴，将词谱结合起来，二者不可偏废。歌词的掌握能够加深学生对乐曲的理解，让歌曲旋律在学生头脑中形成深刻的印象；在歌词的基础上对曲谱进行学习，便于学生对旋律音高位置的把握。至于歌词与曲谱学习的先后顺序，在教学中可灵活选择，具体问题具体分析，可参照歌曲的难易度、长短、学生能力等因素。例如，有的歌曲节奏、旋律较简单，就可以先打好词谱的基础，这对于视唱来说，可起到事半功倍的作用，使学生在演唱时更加得心应手，对于锻炼和提高视谱演唱的能力以及歌唱信心的树立有着积极的促进作用。

（2）先分后合。不同风格及类型的歌曲，其难易程度通常也是不同的。在学习时，难度大的歌曲相应地会给学生带来困扰，不便于学生掌握。教师要结合学生的特点和能力，将教学中的难点集中起来，重点讲解并加强练习，需要遵循循序渐进的原则，将其逐一突破。在此之后，视学生掌握的具体情况，若掌握良好，便可进行完整曲目的视唱；若还存在问题，教师也不可急功近利，而应该以问题的解决为教学的主要任务。如此，对于学生的视唱能力及效果提升都有助益。

在歌谱演唱时，对于难句，分句、分段逐个解决是效果较为理想的方法之一。针对中小学生的性格特点和学习能力，教师可以通过"找一找、比一比"的方法，让学生更为直观地发现乐句或乐段的异同。这种以学生自学为主、教师引导为辅的教学方式有助于学生学习自主性与能动性的发挥。在此基础上进行的视唱练习，才更有助于学生能力的提升。在练习中，教师还可以指导学生借助相应的辅助练习，以帮助学生更好地掌握音准。常见的辅助方法有划拍、击拍、手势等。

（3）器乐辅助。器乐演奏是一种没有人声参与的音乐艺术。对于器乐演奏而言，其艺术效果的表达同样依赖于音准的把握。学习器乐演奏，熟普、识谱是必须具备的技能。反过来，识谱技能的掌握对于提高演奏能力有着极为重要的意义。研究表明，有器乐学习基础的人较未接受过器乐培训的人而言，识谱能力更强。这就说明器乐演奏与识谱能力是相互依赖、彼此促进的关系。

器乐演奏的过程在很大程度上是识谱的过程，识谱是基础，反过来，器乐演奏也能促进识谱能力的提升。在器乐演奏的过程中，学生不断进行着读谱、识谱的练习，与此同时，听音能力也在这一过程中得到不断的锻炼，在潜移默化中建立起准确的音高概念。持续一段时间，学生在掌握一定演奏技能的同时，识谱能力也相应地得到了提升。鉴于此，在读谱、识谱教学中，将器乐融入教学过程无疑是提升教学效果的重要形式之一。

在借助器乐推动识谱教学的进程中，教师需要格外关注的是器乐自身的音准问题。与此同时，还应该立足于教学实际，并结合学生的能力水平及需求，从学生整体出发，有计划地进行教学与训练，尤其要遵循教学的一般规律，循序渐进，持之以恒，为提高学生的整体水平努力。另外，坚持背唱旋律的练习也不失为一种提高识谱和音准能力的办法。

　　总而言之，不管哪种方式的训练，都需要教师以学生为中心，以学生的兴趣和需求为出发点，灵活运用教学方法，突出教学过程的生动性、形象性，以最大限度地调动学生学习的积极性。在教学中，教师的作用在于创设良好的学习环境，并对学生进行行为习惯养成的引导；对于学生而言，自身能动性的发挥才是关键，学生应在教师的帮助下，积极主动地投入识谱的学习和练习中，从而获得音乐能力及素养的提升。

第四节　歌唱状态训练

影响音乐艺术效果的因素是多方面的，除了基本的发声技巧、音乐作品等因素外，歌唱状态也是其中一个很重要的因素，它是歌唱训练的一部分。在声乐训练中，歌唱状态是一个需要不断加强和完善的因素。

在现实生活中，人们无论从事何种工作或活动，都需要拥有一个良好的状态，状态的好坏，对于事情的成败有着最为直接的影响。在声乐学习中，好的状态能够对声乐学习或是演唱起到锦上添花的作用。因此在合唱中，要达到理想的效果，必须选择最舒适、最自然的歌唱状态。对于歌唱状态的把握，不同水平、不同阶段的演唱者各不相同，需要分阶段进行训练。

一、什么是歌唱状态

歌唱状态是一个人在歌唱时所呈现的身心特征。音乐是一门艺术，合唱是音乐形式中一种特殊的声乐艺术，这门艺术是通过演唱者传递出来的，由听者去感悟。音乐总能带给人美的享受，人们对合唱艺术的审美，自然包含了合唱艺术的传递者，并将其作为审美对象之一。而对他们的评判主要以歌声为"实体"。众所周知，歌声是由人发出的，人的作用不仅在于发出声音，更在于传递音乐的美。若要达到一定的审美效果，就要保证歌声的和谐、优美，而这与演唱者的歌唱状态密不可分，演唱者的形态、动态无不影响最终的歌唱状态。歌唱状态成为表演主体的一种客观存在。

虽然歌唱状态是一种客观的存在，但是由于任何事物都处于不断的变化发展中，不同的人在歌唱中的状态是不一样的，同一个人的状态也会因时因地而异，这体现了歌唱状态的个性特征。

在声乐艺术中，由于个体差异的存在，人们对音乐作品内容的理解、处理所采用的形体语言都会千差万别，正如"一千个读者就有一千个哈姆雷特"，因此，歌唱状态也是千姿百态的。在生活中，尤其是舞台表演时，我们所听到的台风就属于歌唱状态的范畴。我们对台风并不陌生，一般指的就是演员在舞台上呈现的风度。但是台风并不是歌唱状态的全部，歌唱状态所包含的内容应该更为广泛，其中演唱者的精神世界，就包含在歌唱状态之中。它所体现出来的是演唱者内外条件整合统一的歌唱状态。由此也再次印证了不同的人有着不同的歌唱状态，即歌唱状态具有个体差异性。

歌唱状态对演唱效果有着直接的影响，好的歌唱状态有利于声乐艺术的表现：一方面，从精神状态、表演姿态以及面部情绪等方面美化演唱者的外在形象；另一方面，让演唱者更加从容，促使其歌唱能力最大限度地发挥出来，甚至超常发挥。相反，呆板、紧张甚至慌乱的演唱状态，不仅影响演唱水平的正常发挥，还有可能给演唱者带来难以抹去的心理阴影。因此在声乐训练中，歌唱状态不容忽视，需要加大对歌唱状态的训练力度。

二、歌唱状态在声乐表演中的重要作用

声乐这门艺术是学生必修的一门学科，在演唱时能够展示演唱者的声色以及作品所要传达的情感。此外，音调与音量的改变、作品的呈现效果和演唱者的心态以及情感有着密不可分的联系。

首先，在演唱过程中专注力以及情感的融入是决定演唱能力的因素。无论是演唱方法还是音色的表达，都和演唱者的情感思想相关。也就是说，演唱者对作品的了解和感受，演唱者情感的表达，分别体现为对作品的理解以及音调和音量的控制等，还有发声器官和其他部位所产生的协调平衡性。实践的过程主要是训练学生客观的演唱能力与技巧。感觉指演唱者内心变化影响舞台的演出效果。如果遇到意外情况发生，无论是客观表现还是主观表达，都会发生改变。因此在演唱时，专注力是作品完美呈现的前提，演唱者在确保专注力的基础上，用心认真地融入作品的演唱，情感在前，声音表达在后，无论是作品情感还是含义，都会得到淋漓尽致的发挥。

其次，演唱过程中的创新、心态以及思想等，对声乐的掌握和表达具有至关重要的作用。演唱者的创新思维促使作品的情感表达具有多样性，并将作品的情感传达给听众。

最后，兴趣爱好作为学习的动力也能起到关键作用，能够激发学生主动掌握声乐知识与技能，提升自身艺术能力。学习声乐的过程，因为喜爱和认可才有主动学习的可能性，才能积极掌握和分析声乐资料与发展走向。特别是对于不喜欢声乐或者有自卑心理的学生，更应该增加其内在动力。因此在声乐学习过程中，增强学生的内在动力，能够促使他们深入了解和研究声乐这门艺术，并从中体验乐趣。

根据上述内容发现，内在动力的增强需要声乐知识是正向的，其本身具有激发学生兴趣的作用和实践意义，内容不宜过难或过于简单。在教学过程中，教师的表达应该具有感染力，要生动灵活地展示教学内容，同时要不断赞美学生，消除学生的自卑心理和消极情绪。在演唱过程中，轻松愉悦的心态可以使演唱者尽快和声乐情境结合在一起。内在素养的提高是演唱效果顺利呈现的保证，用心演唱以及真情实感地表达才能打动听众，进而使声乐演唱完美呈现。

三、歌唱状态的简单掌握

在歌唱表演过程中，良好的状态是必不可少的，这也是人们在歌唱中所强调的"精气神"。由此可以看出，好的歌唱状态不仅表现在身体方面，心理状态也是不容忽视的。

（一）身体状态

对于身体状态来说，首先就是要保持好的站姿。一般来说，标准的站姿有助于达到歌唱的最好状态。生活中人们所强调的"站如松、坐如钟"就是对良好站姿或坐姿的最好诠释。只有保持规范的姿势，才能够最大限度地保持呼吸的顺畅和舒展。古人云："善歌者，必先调其气。"呼吸对于歌唱的重要性，前文也进行了分析。由此可以看出，好的身体状态是善歌的基础，它在促进呼吸调节的基础上，间接地对歌唱效果产生影响。

所以，要保证好的歌唱效果，就必须从站姿做起，从好的身体的保持开始。什么样的站姿才是歌唱所需要的状态呢？答案是抬头、挺胸、两肩放松。只有做到"站如松"，才不会在演唱过程中东倒西歪；只有站得够稳，才能将气沉得够深，才能发出浑厚且具有质感的声音。总而言之，在演唱中要尽可能站稳、站直，少走动。与此同时，还需要演唱者保持注意力的高度集中，只有这样，才能将这种好的歌唱状态持续下去。

（二）面部表情状态

"精气神"是好的表演的基本要求，其中的"神"我们可以简单地理解为神态，即面部表情。对于歌唱艺术来说，音乐作品本身是无生命的，但它却承载着创作者的思想与情感，将这种思想与情感准确地传递给听众，引起听众情感的共鸣，是艺术价值最大限度的发挥。而这些都需要通过演唱者才能够实现。由此足以看出演唱者的重要性。不同风格、不同思想内涵的音乐作品所传达的情感是不一样的，或欢快，或悲伤，或激昂，除了歌曲的节奏，更为重要的是演唱者的表情，需要通过演唱者的面部表情来呈现不同的风格。但是无论人的面部表情如何变化，肌肉的状态都是大同小异的。在演唱中，借助表情传递情感的同时，也要注意保持准确的歌唱位置，而不能随意变动。通常，歌唱时保持高位置，是高质量音色和共鸣的保障。这是声乐表演艺术中保持好的歌唱状态技巧中的共性，应该引起重视。

（三）心理状态

对于歌唱状态的另一种形式——心理状态也是不容忽视的。人们在参与任何艺术形式的表演尤其是缺少舞台表演经验时，紧张是普遍存在的心理现象。生活中我们也都会有这样一种体验，即平时无论是学习还是艺术表演，都能够取得较为理想的成绩，而一旦参加大型考试或比赛，就会发挥失常，会的知识全忘了，脑袋一片空白。这就是心理素质在作祟。一般来说，除个别心理素质特别好的，大部分人都有这种紧张、惶恐的经历。甚至是一些著名的音乐家，在最初登台表演的时候也会有这种现象，随着不断地锻炼和经验的积累，才有现在的歌唱成就。

所以，锻炼是克服紧张情绪的唯一途径，只有经过不断的练习与锻炼，才能成为舞台上的焦点，成为一道亮丽的风景线。

这里还涉及一个概念，即状态记忆。它是在多次演唱实践中，某一次心理状态良好，没有紧张情绪的存在。这时候，我们就要记住不紧张时的歌唱状态，以此为标准，在以后的演唱中，尽可能地还原那种状态。当然，要做到完全还原，是有一定难度的。尽管如此，作为演唱者，仍要树立信心，持之以恒，相信最终那种好的记忆状态自然会形成。

四、歌唱状态训练方法

歌唱状态影响并制约歌唱艺术水平的提升，因此需要在实践中不断加强对歌唱状态的训练。

（一）正确的歌唱姿势

好的歌唱状态首先体现在站姿上。所以，加强站姿的训练是关键。正确的站姿要尽可能符合"站如松、坐如钟"的理念。

首先，保持正确的歌唱姿势。身体要站正、站直，如果是弯腰驼背、摇摇晃晃地站，不仅影响美观，也影响气息的调节。标准的站姿要做到：两腿绷直，两脚分开，与肩同宽；胸部略微挺起，腹部肌肉放松；两肩放松，胳膊自然下垂，歌唱时也可根据实际需要，用手适当地做出一些动作，前提是以美观为主，动作尽可能避免过多过杂；头、颈位置端正，两眼直视前方，不可斜视或是四周环顾，要尽量做到自然、舒展、不拘谨、不紧张。

其次，避免不正确的动作。不规范的姿势及动作不仅影响美观，也会导致不好的歌唱效果。例如，低头压下巴，目光松散，其喉头、颈部和上胸受到压迫，导致声音紧、干涩，出现严重的喉音；有的歌者甚至养成撅臀的习惯。上身前倾、两手不断晃动等也直接影响呼吸支持和呼气的平稳、通畅，更明显的是影响肺部的扩张，减少呼吸支持，使声音不丰满、无弹性。

总之，在歌唱训练中，要尽可能克服和避免不正确的歌唱姿势，对存在的不好现象要及时纠正，以便良好歌唱习惯及姿势的养成。这对于歌唱水平及效果的提升无疑起着关键性的作用。所以，歌者要先在演唱习惯与演唱姿势上下足功夫，为良好歌唱状态的形成打下坚实的基础。

从以上分析中，我们对歌唱姿势与歌唱状态以及歌唱效果的关系有了整体的认识：歌唱姿势正确与否关乎着歌唱状态的好坏，而歌唱状态又直接影响着歌唱水平与歌唱艺术效果的呈现。所以，演唱者要时刻提醒自己，除了必备的歌唱知识与技能外，还应该关注自身状态，从站姿上改变，才能够为自己的演唱艺术锦上添花。

（二）正确的歌唱呼吸

正确的呼吸依赖正确的歌唱状态，歌唱时的气息调节在歌唱中起着决定性的作用。费朗切斯科·兰培尔蒂（Francesco Lamperti）在意大利音乐史上享誉盛名，他是著名的美声学派代表，对于歌唱中的呼吸，他的观点是："一个歌者如不能正确地运用呼吸，不但声音没有把握，而且会给声音带来各种毛病。"从中足见他对歌唱中呼吸的重视。对于人类而言，没有呼吸就没有生命，呼吸是人类一项重要的生命体征。正常状态下，人的呼与吸都是有规律地循环交替的过程。不论是剧烈运动还是进行歌唱活动，呼吸节奏都会发生一定的变化。这是因为，人在正常状态下，说话时的呼吸量较歌唱时低，在进入歌唱状态后，歌唱对呼吸的要求提高，需要保证呼吸的连贯、稳定、持续。因此在进行呼吸训练时，既不能违背呼吸的一般规律，也要遵循人的生理特征。做到这两点，才能实现歌唱呼吸状态的科学性。

研究表明，人在吸气时，肋骨、胸部向外，胸廓底部、两侧和上端随之扩张。基于此，不同的学者从不同的视角提出了有关呼吸训练的多种方法。进行呼吸练习时，演唱者要结合自身的条件，选择适合自己的方法，这样才能起到事半功倍的效果。需要注意的是，无论何种方法，其最终目的都是一样的，即服务于良好歌唱状态的形成，进而呈现完美的发声效果。

所以，要想进入正确的歌唱状态，呼吸是关键。呼吸控制不好，极力建立良好的歌唱状态，便是痴人说梦。演唱者必须清醒地认识到，正确的歌唱呼吸是建立好的歌唱状态的关键所在。

（三）科学的发声训练

任何声音艺术都离不开声音的传递。歌唱发声能够直观地反映歌唱状态。声音好的歌唱状态的达成也需要加强歌唱发声训练。科学的发声训练贯穿声乐学习的始终。在声乐学习的任何阶段，发声的练习都必不可少。科学的发声训练可从以下两点出发：一是在肌肉放松的状态下，要保持吸气的状态；二是对于主要的发声器官，喉咙要打开，与此同时，身体各共鸣腔体必须保持舒展。

声乐的学习是一个循序渐进、不断积累的过程。所以，歌唱中的发声训练也应该遵循这一原则。在长期的发声练习中，锻炼呼吸肌肉和喉部肌肉的能力，在肌肉力量的训练达到一定程度的基础上，再进入下一个环节的训练。中声区的训练是为将来扩展音域打好坚实基础的前提。在训练中要做到循序渐进，就是在练声时要由浅入深，声音要柔润，音质要优美，节奏由慢到快，逐步扩展音域和音量。尤其是在曲目的选择上，也要根据演唱者自身条件和能力水平，由简单到复杂，选择音域适中、音节跳动不大的曲目类型。在练习的过程中，还需要将自身状态调整到最佳，情绪保持稳定，这样既便于对音质的掌握，也有助于演唱者学以致用，达到练声与歌唱融合的效果。

科学的发声训练是建立良好歌唱状态的基础，所以在声乐艺术训练中要强化发声练习，将发声练习融入歌唱训练的各个环节。

第四章

班级合唱指挥艺术

第一节　指挥的艺术风格及意义

一、合唱对于指挥的要求

（一）指挥的作用

合唱是集体性的声乐艺术，同时也是声乐艺术的较高形式。这是因为合唱不同于独唱，它对团队的协调性与统一性有着更高的要求。合唱指挥所扮演的角色类似于引路人，发挥着对团体的引导作用，指引合唱团体的和谐与统一。可以说，指挥是合唱团的支柱与灵魂。从不同的角度来看，其承担着不同的角色与任务。从合唱团的角度来说，指挥是合唱的组织者、领导者；从其指挥自身职能来说，他们同合唱团成员一样，是声乐艺术的表演者；而从合唱艺术性的角度来说，他们是声乐艺术的创造者。因此，作为一个合唱指挥，其自身所具备的素质与能力是胜任指挥的前提，是不可或缺的条件。作为指挥，自身要具备较高的艺术修养、文学造诣及艺术审美鉴赏力，与此同时，还应具备一定的组织与管理能力，只有具备较强的综合素质与能力，才能使合唱团的训练达到科学性、思想性及艺术性内在与外在的完美、协和、统一。

（二）指挥应具备的素质

（1）有较强的组织能力、领导能力。

（2）有很强的读谱能力。

（3）掌握科学的声乐知识，具有较强的范唱能力。

（4）有敏锐的听觉能力。

（5）有很强的表达能力，包括动作和语言。

（6）有很强的音乐记忆能力和音乐鉴赏能力。

（7）有很强的节奏感和熟练精准的指挥技巧。

（8）有丰富的合唱训练手段和经验。

二、合唱指挥对中小学音乐教育的意义

（一）短期意义

1. 有助于中小学生音乐合唱技能的提高

合唱指挥中，教师带领着学生弹唱音乐作品，从而让学生可以更加深入地把握音乐，体会乐谱转化成音响的过程，将声部唱出来，进而熟悉乐谱，经过慢慢地练习，可以将全部的声部唱出来。此过程中，教师引导学生分析作品的曲式以及和声，让学生学习更多音乐知识。学生会逐渐形成音乐思维，而这种思维依靠曲式，曲式的理论依据则是和声。在深入分析曲式与和声后，才可以区分出哪些是乐句，哪些是逻辑性重音以及旋律怎样走，高潮在哪里，哪个时间应该结束。以此为基础，开展二次弹唱，才能有清晰的思路，乐谱的安排与设想才更明确，处理速度才更合理，安排力度、音色层次的掌握才更具艺术化，高潮才明显，连音、断音、重音的安排才更合理。学生掌握这些能力，也是音乐素质提升的一种表现。

2. 有助于培养中小学生良好的思想意识

中小学音乐教育中的合唱指挥能够引导学生积极参与到合唱活动中，从而使他们爱上合唱活动，进而发自内心地想要参与到音乐中；同时学生要勇敢地在集体面前表现自己，合唱过程中，准确把握发音，大方而自信。另外，合唱指挥作为合唱的组织者和领导者，在指挥实践中，合唱指挥的身份能够让学生以主人翁的精神全身心投入合唱，有助于激发他们的集体意识和责任感。一个合格的合唱指挥不仅对自身的责任有着明确的认识，也要掌握合唱队成员的声部划分。为了整体效果的达成，合唱指挥会主动积极地与整体节奏保持一致，并引导合唱成员相互配合、协调一致；另外，合唱指挥的过程，还有助于良好规则的形成及习惯的养成；最后，还能将真实的感情准确地表达出来。

（二）长远意义

1. 有助于提高中小学生的艺术素养

合唱指挥不但能够帮助中小学生夯实音乐方面的基础，还能更好地提升中小学生的艺术素养。合唱指挥能够将音乐作品所包含的实质意义剖析出来，从而让中小学生了解到此音乐的时代背景、文化底蕴，站在文史哲的层面去看，

从美学和心理学的角度进行解读，让学生了解到，音乐中不但有音乐知识，还有一些人文知识，让学生了解一切与音乐有关的内容，从而形成跨学科的课堂体系，发挥培养学生艺术素养的作用。

2. 有助于中小学生解放天性

合唱只是一种工具，借助音乐进行引导，能够促使中小学生认识自己，进而发现真的自我，了解自己的天性与兴趣点。参与合唱的学生可以更加准确地找到自己的位置，凸显自己独一无二的特点，并不单单是一个合唱者。合唱指挥能够借助合唱引导学生进入艺术殿堂，于幼小心灵中埋下艺术的种子，从而为未来成长奠定基础。歌唱在当下，却有利于终身，合唱指挥使得音乐教学的"以人为本"不再是一句空话，为学生的长远发展开拓新的空间。

第二节　合唱队的组织与训练

一、合唱队的组织

音乐对于人类发展的促进作用已被越来越多的研究所证实，且随着素质教育的深入发展，以合唱为主要形式的音乐艺术已成为当前学校培养综合型全面发展人才的有效途径之一。合唱艺术已成为人们关注的焦点。以学校为单位的各种不同形式及规模的合唱比赛已成为各地艺术教育的重要形式之一。在当前文化融合的背景下，艺术走进校园、走入社会已成为教育发展的一个趋势，更好地开设音乐课程，创建一支优秀的合唱团队，是音乐教师的一项重要工作。

学校合唱队的组成可以以班级或年级为单位，一方面，学生年纪相仿，水平相差不会太大；另一方面，也是基于方便组织排练、演出的原因。任何事情都存在两面性，以班级或年级为单位组建的合唱队也存在不足，即与学校其他班级的联系有限，不利于校园文化最大限度地发挥。

当然，合唱队成员的组成并不是固定的，除了在本班本年级中选择外，其成员也可以来自不同年级。这样就能够得到更多人的关注，扩大合唱队的影响力，进而吸引更多学生参与。这对于校园文化的传播来说，无疑有着积极的一面。同时，由于人员范围更广，层次也更加多样，高低年级、新老成员间的有序搭配，有助于优化合唱队的结构，促使合唱队在能力水平上趋于稳定。但由于中小学阶段的合唱队的排练一般都集中于课外，不同年级的学生学业压力不同，时间安排有所差异，学生出勤不易掌握，这就增加了排练、演出的组织难度。平时组织一支来自不同班级的80人左右的学校合唱队，一般的演出任务基本可以承担，有需要时，可阶段性增加成员，工作完成后再恢复原状。这种办法比较灵活有效，可供参考。

二、组织合唱队的目的

声乐艺术有利于陶冶情操，促进学生审美意识及能力的培养与提升以及综合素质的发展。合唱艺术作为声乐艺术的最高形式，其价值不言而喻。所以组织和开展合唱团队，不仅是素质教育的要求，而且是培养德智体美全面发展的人才，让学生在音乐氛围中感悟音乐，体验音乐的艺术魅力，从而在美的熏陶下，激发思维的能动性，提高对美的鉴赏能力以及发现美、创造美的能力的要求，更是组织和发展合唱团队及学生自我发展的要求。合唱是集体性的演唱活动，尤其注重集体的统一与协调。发展合唱队能够激发学生的团队意识与合作精神（这是现代社会所必需的），而且，在合唱演唱中，学生各方面的能力都能够得到综合性的发展，使音乐教育价值得到最大限度地发挥。

三、合唱队的组成

组成合唱队的成员需要满足一定的条件，这既是对合唱队的发展负责，也是对成员负责。

（一）合唱队成员选拔标准

组成合唱队的成员，首先应该是热爱音乐艺术的，只有这样，他们才能在后期的训练中表现出积极性与主动性。通常，学校合唱队成员的招募都会在校园内通过各种渠道进行广泛的宣传，以学生自愿报名的形式进行。对于音乐素质较好的，也可以由音乐教师推荐。

对于有音乐天赋且热爱音乐艺术的学生，给予他们积极的鼓励。然后是从所有报名人员中择优选择。选择的一般要求是：节奏感强，听音能力强，声音圆润明亮，形象气质良好，且具有一定的舞台表现力。之后进入复选，具体是让学生自由选择并清唱一首歌曲的一部分，以清唱的方法更能考查参选者演唱的能力。这个环节主要考查学生对音色和音域以及音准、节奏的掌控能力，同时也考查学生对音乐的理解力等，目的是挖掘学生的音乐潜能，看其在音乐造诣方面是否有提升和发展的空间。

当然，教师也可以在教学中考查学生的基本情况。除此之外，为了达到合唱表演艺术的良好效果，还需要强调所选成员是否有助于舞台效果的良好塑造，要能够最大限度地展现学校魅力及集体形象。具体选拔标准如下：

（1）有一定的音乐知识、音乐修养，尤其是视唱练耳素质较好。

（2）音色、音质自然，具有一定的歌唱嗓音条件。

（3）热爱音乐，对音乐艺术充满激情。

（4）有集体意识和合作精神，遵守纪律。

（5）思维活跃，有创造精神。

在合唱队成员确定之后，在不断的教学与练习中，合唱教师还应该结合学生的特点和能力，对其结构进行适当的调整，以保证合唱整体效果最大限度地发挥，推动合唱队整体水平的不断提升以及合唱队的壮大与发展。

（二）合唱队的规模

合唱队的规模一般控制在60～80人。人太多了声音难以集中，训练质量难以保证；人数少了又难以发挥合唱的气势与力度。在选择合唱队成员的初始，教师一般会对学生进行一些测试，如音准、节奏、音色、形体各方面的条件。首批合唱队成员的人数在80～100人。因为经过一段时间的训练，势必会有部分学生被淘汰。例如，男生变声期嗓音变粗的问题是困扰初中学生合唱队的一个难点。作为组织者，处理好这一问题是保证合唱队总体水平的关键所在。

（三）合唱队声部的配备

为收到好的和声效果，合唱队必须注意人数的配备，其声部组成基本遵守如下原则。

（1）各声部间要保持音量平衡。

（2）各声部在排练与演出中要保持相对独立性。

（3）外声部担任旋律演唱和基础低音演唱需适当增加人数。

常见的混声四部合唱队人数组成简单比例为：

女高声部（S）4；

女低声部（A）3；

男高声部（T）3；

男低声部（B）4。

根据合唱队4∶3∶3∶4的简单比，我们根据需要可组成任意规模的合唱队，但是不能少得像重唱的人数，也不能多得难以组织与指挥。

（四）合唱队的训练

合唱队的训练是大有讲究的。除了合唱必需的音准、节奏两项要素外，歌曲的情感处理和声部的和谐统一是合唱成功与否的关键所在。在确定曲目后，教师要适时地指导学生了解歌曲的风格、情感及高潮的处理，指导学生用恰到好处的声音来塑造音乐形象与音乐情感。

（五）队形的组合原则

其一，鉴于钢琴伴奏键盘的高音部分在指挥的左侧，而女高音又常担任主旋律，为使指挥便于与合唱队及伴奏者合作，故将女高音放在指挥的左侧。

其二，为使常担任主旋律的女高音声部与担任和声基础的男低音声部更好地合作，可将这两个外声部排在一起。

其三，合唱中常遇到音层性的作品，为使女高音声部、男高音声部唱好同一旋律，女低音声部与男低音声部唱好同一旋律，故尽量把男、女两个高音层声部排在一起，把男、女两个低音层声部排在一起，以利于他们的合作。

四、合唱队的组织工作

学校合唱队是课外音乐活动中主要的组织形式，它是全校歌唱的代表和示范，可以吸收较多的学生参加，有广泛的群众基础。所以，它在课外音乐活动中占有重要地位。合唱可分为同声合唱和混声合唱两个主要类型。初中学生合唱队是由童声组成的，称为少年童声合唱，属于同声合唱的范畴。高中学生合唱队由已过变声期的青年男女学生参加，组织排练混声合唱。

合唱队人数不限，一般以80人左右为宜。合唱队中所吸收的成员都应是学习成绩优秀、有良好的声音、较宽的音域、音调准确、听辨能力较强且对音乐感兴趣的学生。通过报名与推荐，经过考核，择优选拔。根据学生的实际水平尽量做到使每个班都有一定数量的学生参加，以利于班级唱歌活动的开展。在组织过程中必须得到学校领导、共青团和少先队组织的支持与协助。

五、合唱队的训练工作

（一）合唱队的队形排列和声部安排

正确的队形排列是合唱训练和演出的重要条件。合唱队全体成员应排列成个不大的半圆形（弧形），而不要排列成直线队形。童高音排在左边，童低音排在右边，身材较高的成员站在中间，身材较矮的成员站在两边，第二排应比第一排高一些，第三排应比第二排高一些，以此类推，使每个成员都能看得到指挥。根据合唱队的不同组成方式，以不同的方式来排列。

1. 再分式的同声二部合唱

再分式的同声二部合唱可采用图4-2-1的排法。同声齐唱、同声二部合唱、再分一部式的二部合唱采用图4-2-2的排法。

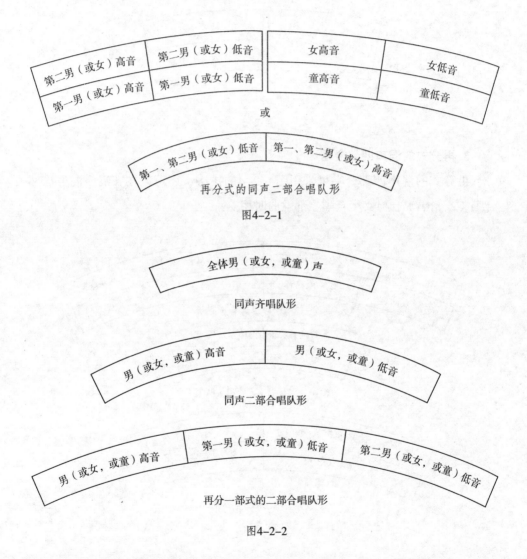

图4-2-1

图4-2-2

2. 再分式的同声三部合唱

再分式的同声三部合唱可以采用图4-2-3的排法，还可以在齐唱、三部合唱时用。

再分式的同声三部合唱队形

图4-2-3

3. 再分式的混声四部合唱

再分式的混声四部合唱可采用图4-2-4的排法，还可以在齐唱、混声二部合唱（或轮唱）、男女声合唱二部歌曲时用。

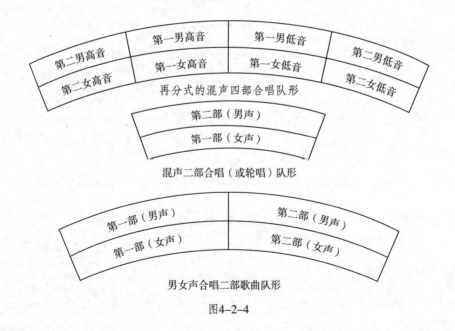

再分式的混声四部合唱队形

混声二部合唱（或轮唱）队形

男女声合唱二部歌曲队形

图4-2-4

4. 混声三部合唱

混声三部合唱可采用图4-2-5的排法，还可以在男女声合唱三部歌曲时用。

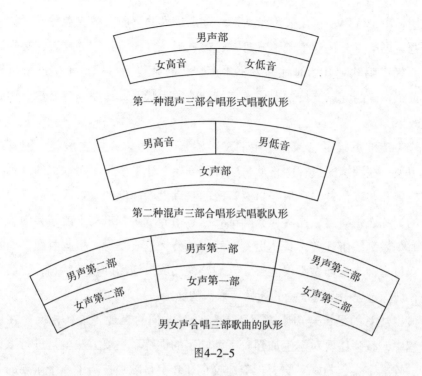

第一种混声三部合唱形式唱歌队形

第二种混声三部合唱形式唱歌队形

男女声合唱三部歌曲的队形

图4-2-5

5. 混声四部合唱

由于再分式的混声四部合唱就是四部合唱的扩大形式，所以图4-2-6这一排法还可以在混声四部合唱（或轮唱）时用。

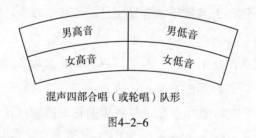

混声四部合唱（或轮唱）队形

图4-2-6

（二）合唱队训练的方法

第一，科学的唱歌方法和状态要产生美的合唱音响，科学的发声是重要保障。合唱队里的每一名成员基本上都是非常优秀的小歌手，个性都比较鲜明，音色、音质也都各不相同。把这么多学生集中在一起达到一种和谐均匀的音响效果，就需要教师在训练的过程中注意培养学生良好的演唱习惯。

尤其是初中生正处于变声期，教师在训练时要考虑学生的生理特点，可以先用轻声带假声，再用假声带头声，逐渐扩大共鸣腔，解决自然音区的局限性问题。训练时要让学生调整气息，轻声歌唱。古人云："善歌者，必先调其气。"轻声唱歌刚开始时往往发不出声音，教师要耐心地对学生进行指导训练，训练正确的气息支持，形成气声结合的歌唱状态，长期坚持必然会达到良好的效果。

轻声唱歌不仅可以保护学生的发声器官，还可以让学生形成一种良好的歌唱习惯。在训练的过程中，从自然音区开始，让学生学习用歌唱的气息找准发声位置和共鸣位置，在唱好自然音区的基础上向高低两个音区发展。无论是平时的训练还是演出或比赛，教师都要注意培养学生积极向上的精神面貌。成员要时刻做到队伍整齐，身体挺直，双脚稍分，重心站稳，挺胸收腹，面带微笑，双目有神。这样做不仅能够让人们感受到成员饱满的精神状态，也能够让成员在训练过程中保持气息的通畅、喉头的稳定、口形的统一。

值得注意的是，轻声唱歌并不是降低对歌词的表现要求，相反，在训练的过程中，教师还要对学生加强咬字和吐字的训练。主要方法就是进行歌词的朗读，咬准字头，归好字韵。正确地咬字和吐字是歌唱技巧中一个重要的基本功，它可以把歌词唱得准确、清晰，能生动形象地表达歌曲的思想感情，使歌声更具感染力。

第二，培养学生良好的聆听习惯。合唱训练要求学生不仅要会唱歌，还要会聆听别人唱歌。德国著名音乐家舒曼说过："音乐教育培养听觉才是最重要的。"具体做法如下。

其一，欣赏优秀的合唱曲目。例如，观看专业少儿合唱团的录像或欣赏其录音等，让学生聆听各声部的旋律，训练音乐的耳朵，提高合唱的听觉能力，开阔视野，提高他们的欣赏水平。通过优秀曲目的欣赏，让学生感受到合唱的和谐之美、独特的艺术魅力和感染力，这是学生积极学习的强大动力。

其二，排练现场学会聆听各个声部的演唱。在学生学会作品之后，采用分声部依次聆听的方法，熟悉其他声部的演唱，这样训练起来效果就会比较理想。训练中如果有学生出现了音准和节奏上的问题，只要教师正确引导，他们自己就能够及时地纠正和解决了。用心聆听不仅可以解决学生演唱过程中出现的问题，还可以让学生在实际训练过程中学会团结协作。

其三，聆听自己训练的实况。教师可以把学生不同阶段训练的情况用录音录像设备记录下来，让学生通过欣赏聆听自己的训练成果感受自己取得的进步，同时及时发现合唱队在训练过程中存在的问题。

其四，情绪的调动和调节。德国教育家第斯多惠说："教学的艺术不在于教授知识的本领，而在于鼓励、唤醒、鼓舞。"尤其初中阶段是学生成长的一个转折阶段，他们的情绪也容易受外界因素的影响。《乐记》说："凡音之起，由人心生也。人心之动，物使之然也。感于物而动，故形于声。"要想充分调动起学生训练的热情和积极性，使学生全身心投入歌曲的演唱中，教师应该注意以下几个方面。

首先，要给学生营造一个宽松愉快的学习环境。合唱队的训练只是协调课堂教学的一个辅助和延伸，如果教师把活动搞得过分严肃、压抑，那么成员就会对合唱训练失去积极性。其次，教师要善于发现学生的优点和进步，要学会用中性的语言来评价学生。再次，教师要会协调与成员的关系，把合唱队的每一位成员当成自己的同伴，要把自己融入合唱队，和他们一样都是合唱队不可或缺的一分子，千万不要把自己凌驾于他人之上，要拉近与成员的距离。最后，教师在训练的过程中要注意自己的细节。例如，要做到准时守信，严肃认真而不乏活泼幽默，服装得体，言谈举止端正，精神面貌积极向上，始终给学生一种充满活力的感觉。只有教师真正融入其中，学生才会以更加饱满的精神和状态参与活动。此外，在合唱训练的过程中，教师还要注意合唱训练与实践的相互结合，要充分利用校园文化活动，多给学生创造表演的机会。因为合唱队成员都是在校学生，指导教师还要注意协调合唱队活动与学校教学工作、学生学习任务等各个方面的关系。合唱指挥要不断学习积累丰富的活动经验，在参加表演和比赛时，教师要有创新的能力，能够根据作品设计队形、道具、服装与化妆。

合唱是一项集体活动，涉及的人数比较多，教师一定要注意在训练和活动的过程中对学生加强安全意识的教育等。总之，合唱队的建立、训练、指导是一项充满快乐而又十分艰辛的工作。

作为一门声乐表演艺术，合唱要求学生音色的统一、声部的和谐、音量的均衡，它的训练必须严格而科学，并且和学生的实际相结合，只有这样，才能取得良好的艺术效果。相信经过全体音乐教师的努力，我们的学生定能唱出和谐动人的心声，让歌声洒满校园，洒向社会！

第三节　合唱指挥的技术要点及常用技巧

　　合唱是一种重要的音乐艺术，是一种集旋律、音准以及声色等多方面于一身的艺术创作，而合唱指挥正是将这种音乐艺术发挥到极致的重要方式。对于合唱指挥来说，他不仅要把整个音乐作品的艺术内容展示给观众，还要把作品的精神内涵向观众进行传达，以最大限度地促进音乐与观众内心之间产生共鸣，进而体现合唱音乐的价值。因此，这便对合唱团队的指挥人员提出了更高的要求，他们必须从多个角度对音乐作品进行把握，包括艺术鉴赏、作曲风格等，以使合唱艺术更具有深刻性。

一、合唱指挥应具备的素质

　　合唱是一种以声音的共性为特色的集体艺术的结晶，是通过对多种声部的处理才能达到的表演效果，要想取得完美的效果就需要全员通力合作。合唱不仅可以表现出一个团队的专业素质与音乐素养，更可以体现出一个民族、一个国家的文化艺术气息。合唱这项艺术需要全员具有非常强的合作能力，可以通过合唱的形式来体现一个民族的凝聚力。一个优秀的合唱指挥应具有优秀的领导能力和音乐鉴赏能力，对音乐知识的了解应该非常全面。

（一）良好的听觉及音乐感知能力

　　一部好的音乐作品首先是让观众从听觉上来进行感受，那么就要求合唱者对音乐具有很好的感知能力，而对于合唱指挥的要求自然就会更高。对于一个合唱指挥来说，良好的听觉及音乐感知能力是其必须具备的一个素质。首先是听觉能力。简单来说，一个合唱指挥只有具备良好的听觉能力，才能准确地对合唱过程中的音准及音色进行辨别，并以此来发现合唱环节中存在的具体问题，并及时对其进行修正。其次是音乐感知能力。所谓音乐感知能力，指的是合唱指挥对于音乐作品的理解和感悟。合唱指挥只有对作品的思想内涵进行充分理解，才能更好地对作品中的情感进行淋漓尽致的表达，才能更加完美地对合唱作品进行诠释。

（二）创造力及意志力

一个合格的合唱指挥更应该具有极强的创造力和意志力，在了解一部音乐作品后，可以挖掘出这部作品背后更深远的意义。所谓创造力，指的是合唱指挥应对音乐作品中的情感及其艺术魅力进行深度挖掘，并在实际的挖掘过程中对其进行再创造，这样就可以更好地对音乐作品进行诠释；所谓意志力，指的是在合唱指挥过程中，合唱指挥自身应具有坚强的意志力，并以此为基础给予成员相应的支持，只有这样，才能保证演出取得成功。

（三）阅读能力

具备良好的阅读能力不仅是让合唱指挥读懂乐谱，更重要的是能对乐谱进行快速的分析，以便在向合唱者传达信息的时候更加精确。这种能力对于合唱指挥而言非常重要。合唱指挥更应该是一位熟悉歌唱技巧的歌唱家，因为在合唱的过程中，合唱指挥必须有非常熟练的歌唱技巧，才能对声音有一个非常好的定位与了解。在歌唱的过程中，发声的技巧、对气息的控制、咬字方式、情感的处理都需要一定的技巧，对于合唱者在以上方面出现了问题的时候，合唱指挥能够及时地给予建议和纠正。

（四）熟悉各种乐器

在大型的合唱音乐作品中，通常需要管弦乐队来配合伴奏，正因为如此，对合唱指挥的乐器熟练度有一定的要求。合唱指挥对于每一种乐器的优缺点、音色的特点、乐器的性能都要有相应的了解，以便在指挥演奏的过程中让乐队和合唱者进行很好的配合。

二、合唱指挥的基本图示

指挥的基本图示是记载合唱指挥在指挥各种不同节拍、不同节奏的合唱或乐曲时，手臂挥动的方向和拍与拍之间运行路线的图形。

指挥的基本图示体现了音乐节拍运动的基本规律，即强弱规律，如二拍子的强弱、三拍子的强弱弱、四拍子的强弱次强弱等。凡音乐中使用的节拍，都有相应的基本图示予以表示。

音乐中，常用的拍子有一拍子、二拍子、三拍子、四拍子、五拍子、六拍子、七拍子、九拍子、十二拍子等。指挥时所遵循的基本图示如下。

（一）一拍子（图4-3-1）

一拍子（一）　　　　　一拍子（二）

图4-3-1

（二）二拍子（图4-3-2）

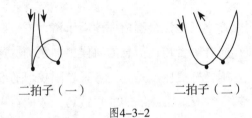

二拍子（一）　　　　　二拍子（二）

图4-3-2

（三）三拍子（图4-3-3）

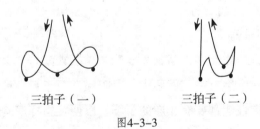

三拍子（一）　　　　　三拍子（二）

图4-3-3

（四）四拍子（图4-3-4）

四拍子（一）　　　　　四拍子（二）

图4-3-4

（五）五拍子、六拍子、七拍子（图4-3-5）

五拍子　　　　　　　六拍子　　　　　　　七拍子

图4-3-5

（六）九拍子、十二拍子（图4-3-6）

九拍子　　　　　　　十二拍子

图4-3-6

三、预备拍、起拍与收拍

（一）预备拍

预备拍是指歌唱发音之前起着预示作用的击拍。预备拍与歌唱发音后的力度、速度、表情是一致的，所以，预备拍不仅仅有提示合唱成员（"注意，马上开始演唱了"）的作用，更重要的是合唱中的起拍、收拍、声部的进入、分句、力度、速度、表情等都离不开预备拍的"预示"。其实"预示"是贯穿整首演唱作品的。因此也有专家认为，不了解预备拍就不了解指挥；不掌握预备拍就无法掌握合唱指挥艺术。陈国权老师在《陈国权教合唱指挥》一书中认为，"指挥是预备的艺术""指挥职责的岗位在预备拍"。预备即在发音之前将音乐的力度、速度、情绪、唱法等向合唱队发出的预示。

预备拍必须注意提前量，提前一拍或是半拍，指挥要做到心中有数。一般来说，无论是强拍发音的歌曲或是弱拍发音的歌曲，都采用"提前一拍"做预备拍比较合适，如《阿拉木汗》（强拍发音）、《保卫黄河》（强拍发音）、《游击队歌》（弱拍发音）、《打起手鼓唱起歌》（弱拍发音）等。

二拍子、三拍子、四拍子的歌曲，如果是第二拍发音（弱拍发音），预备拍均放在第一拍，即强拍做预备拍。三拍子、四拍子的歌曲，如果是第三拍发音，预备拍均放在第二拍，对于三拍子来说打成二拍子的"弱起"，对于四拍子来说打成二拍子的"强起"。四拍子的歌曲，如果是第四拍发音，预备拍应放在第三拍，可以打成二拍子的"弱起"。例如，无伴奏合唱《半个月亮爬上来》，预备可以打一个四拍子的第一拍，同时做出轻柔而深情的吸气动作提示合唱队吸气，接着合唱队在四拍子的第二拍起唱。

对于一首合唱作品，必须预先设计几个关键的预备拍位置（或主要的预备拍位置），如歌曲起拍时的预备，歌曲收拍时的预备，领唱、合唱（或齐唱、合唱）交接时的预备，以及主要演唱表情变化（有明显的音乐对比）时的预备等。

（二）起拍

我们常听人说，没有不好的合唱队，只有不称职的指挥。从这里我们可看出指挥的重要性。在一场合唱演出中，指挥的一举一动都关系着演出的成败。

1. 合唱指挥中起拍的重要性

合唱指挥要遵守"精、简、美"三原则。合唱指挥步骤大体可分为准备、预备拍与起拍、收束三个环节。其中，起拍又是指挥动作中的基本技术之一，虽然在时间上较为短暂，可起拍动作的正确与否关系着整个作品的完整表达及演出效果，会对音乐的力度、速度、音乐性格及演唱法起着决定性作用。起拍意味着音乐的开始，演奏者将全身心投入表演。我们可以说，有多少作品就有多少种起拍方式。但无论有多少种起拍方式，它们的基本原则都是不变的，均要在这些相通的基础上进行变化，正确理解与掌握起拍技巧是掌握好挥拍技巧的前提和关键。

2. 合唱指挥中起拍所依据的原理

在合唱音乐表演中，时间对于指挥与演唱者都有着至关重要的作用，这时候的音乐基本上就是一种时间艺术，无论是起拍还是结束收拍，都要求做到统一及准确无误，合唱指挥与演唱者必须达到瞬间同步的要求。要想达到这种境界，除了多次的配合练习及较高的音乐素质外，还要有一种预先提示的信号，以便演唱者与指挥能达到瞬间同步的反应效果。也就是说，起拍与收拍前，指挥要向演唱者发出预示与动作两部分内容。

（三）收拍

收拍就是结束的动作，同样有三个环节：注意——在音乐进行中集中成员的注意力；预备——打出预备拍（收声的前一拍图示），提示结束的速度、力度和表情；收拍——收住声音，停止歌唱收拍的动作由收前的一拍弹起，形成拍点，然后加速再加到这个拍点，收拍动作完成。

指挥动作可用"省""准""美"三个字概括："省"是指指挥动作要节省，根据作品内容的需要设计指挥动作，动作大小要适度，既不能过分夸张，又不能无表现力，要注意速度、力度的对比，注意作品的语气。"准"是指指挥的预示动作，即各种起拍、收拍的打法，要求干净、准确。"美"是指指挥在表演艺术上要美观大方。因为指挥不同于导演，导演导完戏即可下台看戏。指挥既承担着导演的任务，又扮演着演员的角色，所以他的一切形体与指挥动作都要注意美观。但是必须说明，姿势美与不美关键在于内在与外在的统一，一切从音乐所要表达的内在感情出发，掌握好准确的指挥图示。

四、合唱指挥的基本要求

基于上述合唱指挥的重要性，可分析合唱指挥的基本要求。其中，合唱指挥不仅需要对合唱过程中的指挥动作、指挥姿势有较深的了解，还需要掌握足够的合唱作品创作能力和合唱练习安排能力，要能够对合唱演出的选曲、编曲、训练、演出等全过程有较为系统的把控。本书我们主要介绍合唱指挥与舞台合唱演出过程中的基本要求。

（一）合唱指挥的姿势要求

合唱指挥在合唱演出的过程中充当着总司令的角色，不仅是合唱队这艘"大船"的掌舵者，更是保障合唱演出完美完成的基础。因此，合唱演出对于合唱指挥有较为严格的要求，而姿势要求便是比较主要的一环。首先，合唱演出要求合唱指挥必须严格按照身体姿势要求进行整个合唱演出。其中，合唱指挥要笔直站立，自然放松，双脚分开站立，不能并在一起，同时合唱指挥身体不能乱晃，不能随意颤动。其次，合唱指挥头部要直向前方，目光要随时保持观察左右状态，同时头部要保持稳定，不能因音乐律动而随意摇晃。最后，合唱指挥手部要放松，位置既不能过于放高，高过头部，又不能过度放低，低过腰部；同时手臂不宜太过伸直，要保持一定弯度，但要注意避免手臂出现交叉，要给观众一种美感。

（二）合唱指挥的动作要求

除姿势方面有所要求外，在进行合唱演出时，还要求合唱指挥遵守动作方面的要求。一方面，合唱指挥的动作要尽量简洁、清晰，要保持一定的节奏感和速度，在给演出人员最清晰指挥信息的同时，增加指挥动作的美感，进而给观众一种动作美的享受。另一方面，指挥过程要注意表现出合唱歌曲的力点。例如，针对二拍歌曲，要把每一个小节都表现清楚，这样不仅能使合唱人员和伴奏人员更具节奏感，也能使整场合唱演出更加准确，有利于优秀合唱演出作品的诞生。

五、中小学生指挥应注意的几点

第一，中小学生指挥时，应注意发挥青少年朝气蓬勃、生动活泼的特点。教师可以通过歌曲或乐曲的内容启发学生的想象力。

第二，教师要强调指挥时的8个字：起得整齐，收得干净。这8个字也表明了指挥的音乐修养与艺术技巧。

第三，中小学生指挥时，应注意克服以下一些缺点。

（1）有的指挥者由于胆怯，在指挥时不注视演唱者，影响了合唱效果。教师要对学生进行教育，使他们明确指挥对唱好一首歌曲的作用；同时也要注意帮助学生及时解决在指挥中的具体困难。

（2）指挥的动作、图示要大家明白、配合，切不可经常变换动作与图示。

（3）指挥时的节拍、速度容易加快。教师平时应启发学生对歌曲的内容加深理解，然后根据歌曲的思想感情和表现形式，让学生对相应的节拍、速度反复练习。

（4）有小乐队伴奏的演唱，指挥容易出现只指挥乐队不指挥唱队，或只指挥唱队不指挥乐队的情况。教师要讲明唱队和乐队是一个整体，应互相配合。例如，前奏、间奏、尾声等，指挥的眼、手要注视、指挥乐队。乐队伴奏时，应防止乐器声过强而盖过歌声。

第四，教师要重视做好担任指挥的学生的思想教育工作，鼓励他们胜不骄、败不馁，不断总结经验、克服缺点、提高成绩。

六、合唱指挥的动作技巧

一部合唱作品的情感内容的表达如何更准确、更完美？这要求指挥者有一定的手势动作设计水准。指挥动作的设计决定着每一小节的击拍数目和击拍的方式；同时力度对击拍也有一定的影响，它决定着声部的进入；此外，指挥动作设计的整体性也要考虑。

挥拍的基本原则就是准确、规范、自然、简练。

准确：简单地说，就是指挥面对合唱队成员的时候，要让成员清楚准确地预判出指挥手势的走向，在符合作品情感线条的同时，让成员准确地看清楚指挥的手势。这样有助于将大家对音乐的表现力进行统一，完美地呈现音乐。

规范：在进行合唱排练和演出时，指挥的手势动作一定要具有专业的规范性，有固定的基础标准，不要盲目地挥拍，否则会让合唱队成员处于摸不着头脑的状态，不利于指挥与合唱团的沟通和配合。

自然：一个指挥的精神面貌是非常重要的，无论是在与成员沟通或者是排练的时候，都要注意自己的体态端正自如，让成员感觉自然、放松，整个合唱团也会被感染，有助于大家的演唱。

简练：简单地说，就是在挥拍的过程中要学会省，多余的动作不要挥，尽量简明扼要，一个线条能解决的问题，不要加其他无用的手势，这样能让合唱队成员很清晰地看明白。

力度对动作的设计也有一定的影响，由于音乐的表现需要力度的变化，这就会影响指挥动作的设计变化。因此，一部作品内部的强和弱的地方，也就给指挥提供了动作幅度大小的依据，决定力度的高与低，同时还可以延伸到渐强和渐弱的手势设计。这样能使作品听起来不会那么单一没有流动性。力度的变化给作品增加了音响上的色彩变化，极大地丰富了合唱作品的情感。

第五章

班级合唱的教学与排练

第一节　班级合唱艺术的教育功能

在整个学校艺术教育体系当中，尤其是音乐类教育，合唱始终作为其中一项重要的组成部分而存在，是不可或缺的一项重要内容。在中小学学校艺术教育中开展合唱教学，有利于培养和增强学生对音乐的感受，从而更好地促进学生音乐综合素养的提升。在教育改革深入推进以及素质教育全面普及的教育背景下，合唱所体现出来的教育功能已经引起相关教育部门的关注，在倡导将器乐引入音乐课堂教学的同时，也指出开展必要的合唱活动。而基于这一现状，针对班级合唱的研究以及实践活动也有了新的发展。近年来，我国各个地区的合唱活动开展都产生了一些变化，传统音乐教育中通过合唱队训练来培养和强化学生合唱能力这种单一手段的弊端越来越明显，越来越无法适应社会和学生的发展需求，因此渐渐被抛弃。现如今，班级合唱在中小学音乐课堂教学活动中的作用和价值越来越突出，所占据的位置越来越重要。

一、开展班级合唱教学的必要性

人们在社会生活当中常常会表现出多种情感，而音乐就是人们生活情感的一种艺术性呈现。《义务教育音乐课程标准（2011年版）》明确指出，必须注重中小学班级合唱教学的重要价值，帮助学生尽早学习和掌握与他人合作演唱的知识与技能，使学生能够在合唱活动中感受到音乐的魅力和美感，从而引导学生树立正确的集体意识，强化自身的合作能力。例如，在小学音乐教学活动的实践中，班级合唱教学是音乐教育应用最为频繁、运用时间最长的一种手段，深受小学音乐教师的青睐与支持。从当前的素质教育及音乐教育双重视角来看，在具体的教育活动中适当地开展班级合唱教学不仅能够有效激发学生的学习积极性和主动性，而且可以推动学生兴趣爱好的进一步发展。作为小学音乐教师，帮助学生开发和提高智力水平，使学生的兴趣得到合理发展正是其任务之一。

（一）基于有效课堂的需要

长期以来，受传统教育思想的影响，我们的音乐教育形成了以技能、技巧为中心的技术教育，忽视了音乐教育自身的审美育人目标，忽视了学生在音乐教育方面可持续发展的决定性因素——音乐兴趣爱好的培养，而导致多数学生没有了学习音乐的兴趣。

苏联教育家苏霍姆林斯基（Васи́лий Алекса́ндрович Сухомли́нский）说过："音乐教育并不是音乐家的教育，而首先是人的教育。"压制了学生学习的主动性、积极性和创造性的无效音乐课堂难以在音乐学习中营造一个和谐的内心世界，不利于学生个性的发展和自信心的形成。

在课堂教学中，教师的角色不仅仅是知识的呈现者、学习的指导者，更重要的应是课堂教学中呈现出的信息的重组者。为了提高教学的有效性，音乐教师应该注重自身的教学技能，创设积极的课堂氛围，加强师生的课堂互动等能力的提高。那么，如何基于有效的音乐课堂，通过班级合唱提高教学的有效性呢？正确打击节奏、熟练识谱、运用歌唱方法等内容让音乐课堂焕发出生命的活力，让学生处于一种平等、轻松、愉快的学习氛围中，积极主动地参与教学活动，做到让学生在玩中学、在学中玩，轻松掌握合唱知识与技能，并产生持久的学习合唱的兴趣。

（二）基于课程标准的要求

《义务教育音乐课程标准（2011年版）》明确指出，学校教育必须重视合唱教学的重要作用和价值，要采取必要手段加大合唱教学的力度，使学生可以更加深入和清楚地感受音乐所具备的丰富表现力与艺术美感，帮助其积累和掌握同其他人合唱的宝贵经验，引导其树立积极正确的集体意识，培养和提升其合作能力。

从当前的整体音乐教育来看，合唱教学已经成为其中必不可少的一项重要内容，其作用也越来越凸显，这就要求音乐教师采取有效措施帮助学生更加深入和广泛地接触合唱活动，从而使其能够参与到其中并且喜欢合唱艺术。而鉴于此种要求，怎样更加有效地开展合唱教学就成为当前中小学音乐教师需要面对的重要问题。

（三）基于师生教学的需要

现实教学中，由于中小学生没受过专业的声乐培训，也缺乏合唱的技巧和基础，因此，如何运用行之有效的方法进行训练，如何发挥合唱本身所具备的和谐、合作功能，达到教书育人的目的；如何以合唱为抓手，提高学生的音乐素质、发展学生的音乐能力；如何培养学生爱祖国、爱大好河山、爱集体的思想已经成为既现实又迫切需要解决的问题。

（四）基于创新课程改革的需求

在新课改理念下，教学观更注重有效课堂的生成与发展，可以说，有效课堂是当前教育领域非常受关注的热词之一，它是新课标的来源，也是确保课程改革万变不离其宗的"DNA"。华东师范大学课程与教学研究所所长崔允漷教授指出：我们的传统是比较重视"双基"（基础知识与基本技能）—三维目标（情感态度与价值观、知识与技能、过程与方法）—有效课堂，这是从教书走向育人这一过程的不同阶段。

合唱这种合作互动的形式让学生在班级合唱课中接受美的教育，培养学习音乐的兴趣，挖掘他们的潜能，并积极培养学生的音乐素养，对学生未来的学习、生活产生长远的影响。

二、班级合唱艺术的功能

（一）合唱是学校开展音乐活动、普及音乐教育的主要艺术形式

作为学校艺术教育当中的一项重要内容，合唱所具有的价值和作用是绝不容忽视的。在当前课程改革不断深入以及全面素质教育不断开展的背景之下，人们对于培养和提升学生的综合素质与能力越来越重视。而在这一教学理念的指导之下，在音乐课堂教学活动中开展合唱实践活动或者在课余时间举办合唱比赛等已经成为一种趋势，通过合唱表演、欣赏等形式来将合唱活动的魅力和艺术美感充分表现出来，从而引导学生深入认识和了解我国的优秀传统文化，培养和提升学生的合作精神，拓宽学生的认知范围，丰富学生的文化生活，提升学生的综合素质，推动学生健康全面地发展。在上述各个方面，合唱都发挥着重要作用。

（二）合唱多声部的练习对于培养学生综合音乐素质具有重要作用

在中小学学校教育开展的实践中，合唱教学始终是音乐教育领域的一项重

要内容，其不仅需要学生具备一定的识谱、听辨和表现能力，同时还要具备一定的再创造能力。可以说，合唱是音乐艺术综合素质的一种重要呈现，其自身不仅具有较强的表现力，而且能够帮助学生发展形象思维能力，从而提高其主动性和创造性。对于普通中小学音乐教育而言，其开展的主要目的就是引导学生学习和掌握一定的音乐基础知识，培养其多方面的音乐能力，简单来说，就是帮助学生提升音乐方面的综合素养。由此可见，在中小学音乐教育中开展适合的合唱教学活动，可以使学生作为音乐表演者、欣赏者和创作者在音乐教学中积极参与实践活动，从而使其在掌握相关知识和技能的同时，推动其音乐综合素质全面发展和提升。

（三）合唱是审美教育的有效手段

艺术教育主要指的是为了帮助学生掌握更加广泛的审美知识，具备更高的审美素养，开展的以审美为核心，推动学生积极参与并获得愉悦感受的基本素质教育，主要是提高学生感受和欣赏美的能力。对于合唱活动而言，其不仅具有旋律美和节奏美的特征，而且复调与和声也常常表现出较强的美感，是各个方面美感的一个高度综合。不同力度的声音，不同节奏和起伏的旋律以及丰满的和声，常常能够为观众呈现出一个个生动饱满的艺术形象。简言之，合唱通过自身所具备的那种较为独特且丰富的表现力，能够给人们带来一种其他艺术形式难以展现的综合美感。在合唱教学实践活动中，当学生成功表演完成一部好的作品时，作品饱满丰富的音乐形象常常能够使学生在情感和思想等方面产生共鸣，从而使学生在潜移默化之中受到艺术美的熏陶。

此外，合唱欣赏教学不仅可以使学生了解和掌握更加丰富的合唱感性欣赏的知识，更加深入和清楚地感受和声的美感与声音交织的和谐美，从而产生更加强烈的愉悦感；同时还能够引导学生对合唱作品进行更加理性的鉴赏，更加准确和深入地剖析作品中的演唱技巧与歌曲处理方式等，从而有效提升学生的审美能力。因此，为了达到上述目的，使学生的综合审美能力可以获得有效提升，音乐教师在开展班级合唱教学实践的时候应当选择一些优秀的合唱作品投入教学活动，引导学生对其节奏、旋律及和声等各个方面表现出来的美感进行分析，强化其合唱欣赏能力。此外，教师通过引导学生对作品的歌词进行深入分析来充分挖掘作品所具有的思想内涵与意蕴等，也能够有效激发学生积极进取精神和爱国主义情感，从而引导学生通过旋律的美感来体会美好的亲情、友情、爱情等积极情感，感受音乐的魅力，从而推动其审美素质的有效提升。

从上述各点来看，合唱教学的审美价值主要体现为：合唱音乐实践活动可以推动学生树立正确积极的审美观点，养成正确积极的审美情趣，从而提升学生欣赏和创造音乐美的能力，实现人的全面发展。

（四）合唱是进行德育教育、陶冶学生道德情操的主要方式

在我国各个阶段的教育活动中，思想政治教育始终是其中相当重要的一项活动内容，而对学生进行思想政治教育，对于提升学生的综合素质，培养合格公民具有十分重要的作用和价值。在学校教育中，德育教育体现在各个领域的教育活动中。例如，音乐学科具有非常突出的人文属性，主要体现为教学活动有利于启迪和激发学生的智慧，引导其树立正确的世界观、人生观和价值观，帮助其养成更为广泛的兴趣爱好，推动其个性积极正向发展，陶冶其人格与情操，进而推动其健康全面地发展。而在音乐学科中，合唱教学是其中一项重要的组成部分，也是一项不可或缺的重要内容，是一种非常典型的集体艺术，其实践过程中的统一性和整齐度与合唱队中每一个成员的实力息息相关。对于一个合唱活动而言，合唱队中成员的集体意识和凝聚力以及相互之间配合的默契度等是决定这一活动成败的关键，也是推动学生音乐素质全面发展的一个重要手段。在将德育渗透于合唱训练的过程中，教师应该注意准确把握课程标准的相关要求，将思想教育潜移默化地融入艺术教育。例如，班级合唱训练作为一项集体性非常明显的歌唱活动和教学手段，在演出过程中，每个人都必须服从整体安排与要求；整个训练过程必须遵守严格的约束纪律。在实践活动中我们可以看到，每一次较高质量的合唱训练都是学生接受情感熏陶的过程，都能够给学生带来美的享受，因此显而易见，将德育融入这一过程是一种非常有效的教育手段。

（五）合唱训练有利于学生身心健康发展

在具体的合唱教学实践活动当中，非常明显的养成教育和系列化的兴趣引导，也正是针对学生的缺点进行多方面应对，帮助其克服冲动、任性等错误心理倾向，培养其积极健康、勇敢果断的进取心，树立正确的价值取向的重要且有力的手段。通过在中小学艺术教育活动中开展形式多样的合唱活动，引导学生积极参与其中，有利于培养和提高学生的耐挫能力以及应对困难的能力。在合唱实践活动中，音乐旋律会通过听觉作用传输到大脑神经，从而引起观众的心理反射，强化其大脑机能，培养其养成良好的心理素质。音乐作为一种极富感情的艺术形式，在对人们的情感进行调节和净化的过程中常常扮演着十分重要的角色，有利于人们树立高尚的情操。合唱音乐在丰富和发展人们的想象力、发散思维能力等方面也具有重要作用。人们通过感受多声部音乐，常常能够推动自己的发散思维进一步发展，并且有利于强化自己的创造意识和思维，有利于提升自己的创造技能。除此以外，在积极参与合唱表演和欣赏活动的时候，人们的注意力和记忆力通常也可以得到一定的锻炼与提升。

第二节　合唱教学的基本环节

一、合唱教学环节

（一）导入

在具体的教育活动当中，所有课堂教学都需要有一个比较完美的结构，并且布局应科学合理，否则就很难获得良好的效果。合唱教学作为艺术教育活动的重要组成部分，必须达到上述标准——有一个科学合理的布局，如此一来，才能够将合唱教学活动本身所具有的强大感染力与熏陶作用呈现出来，给学生带来更加强烈的求知乐趣与享受。而在开展合唱教学的各个环节之中，导入作为教学的开始占据着重要地位。合唱教学具备一个良好的开端，不仅有利于吸引学生的注意力，而且能够有效激发学生参与其中的热情和兴趣。与音乐教学中其他部分相比较而言，合唱教学对于发声的要求相对较高，基于此，怎样将单纯的发声练习有效融入班级合唱教学，使发声练习的设计不至于太过唐突成为当前急需应对的一个重要问题。对于中小学生而言，其年龄较小，往往很难将注意力长时间集中到一个事物上，因此，如果仅仅单纯地教导学生进行发声练习，就很容易使其产生枯燥无味的感受。基于这一现状，音乐教师在实施相关活动的时候，可以按照教学任务和目标对于相关课时的要求以及对于作品歌词内容的理解，在导入环节置入发声练习。

这一过程需要注意，一个良好的导入设计不仅需要对学生演唱作品的声音进行相关要求，而且要为合唱部分声部的协调加入做好准备。

（二）聆听

良好的聆听习惯是音乐教学活动顺利开展的重要前提和基础，因此，培养学生养成良好的音乐聆听习惯，对于其学习歌曲演唱及演唱好音乐作品等有非常积极的推动作用。在教学实践活动中，音乐教师应该对学生音乐聆听过程中的每一个细节进行把握和规范，不仅要对其队列、眼神、动作等行为进行规范，而且应该针对实际状况进行必要的专题训练。例如，教师在组织学生进入教室的时候，需要禁止学生谈话和交流，进入教室的时候，引导其脚步与音乐节拍和速度相符；在推动学生跟随随音乐做律动的时候，要引导学生集中精力聆听音乐，随着音乐节奏的变化来合理表现音乐，而动作方面是否符合规范可以暂时不强调，但是需要注重学生是否能够在专心听音乐的过程中进行适当的律动。在学习演唱歌曲作品的时候，教师需要对学生学习演唱全过程（学习演唱前、中、后）的坐姿、眼神以及口形等诸多方面严格要求。一般来说，在学习演唱歌曲作品的时候，学生的坐姿、眼神以及口形等便可以有效呈现出学生是否在状态。如果学生坐姿较为随意、眼神飘忽且口形爱张不张，就表明其心不在焉，不想学习。而在聆听录音示范演唱的时候，音乐教师需要注意引导学生去聆听音乐作品表现的内容，用心去感受作品呈现出来的情感，而不要急于翻书。鉴于此，在合唱教学的整个过程中，音乐教师都要注意为学生创设一个安静的环境，并引导学生养成良好的聆听习惯，如此长时间下来，学生的听力就会变得更为灵敏。

（三）学唱

1. 单声部

聆听音乐作品的主要目的是更好地体会歌曲中的意境和情感，而演唱主要是为了将歌曲的情感更好地呈现出来。因此，在充分聆听音乐作品之后，便会进入合唱教学当中最为重要的一个环节，即学习演唱歌曲。一般而言，中小学学生面对的歌曲常常比较短小，因此在学习演唱作品的时候就显得比较容易。鉴于此，在学唱环节进行教学设计的时候，教师可以选用模拟演唱或者跟随原唱进行练习等形式引导学生学习。在学生熟悉歌曲的旋律与歌词内容以后，引导学生关注曲谱当中音乐记号的演唱，与此同时，结合演唱作品词曲表现出来的情感以及语音、语调和旋律的特点等，推动学生练习歌曲的强弱处理。

2. 二部轮唱

在单声部演唱良好的基础之上，学唱环节可以进入歌曲二部轮唱阶段。在进行此部分的教学设计时，教师可以引导学生通过聆听来感受二部轮唱旋律与意境所呈现出来的美感以及和声层次具备的美感，推动学生从听觉角度对二部轮唱音响色彩与正确的歌曲演唱状态等进行较为深入的感知，突出学生的主体地位，将传统合唱教学活动中的"想我唱"转变为"我想唱"。在合唱教学活动中，一般来说，针对二声部的听辨较易，而且在具体的二部轮唱当中也比较容易看到二声部旋律和第一声部的旋律在结尾部分基本上没有比较大的差别。因此，在二部轮唱教学阶段，音乐教师可以设计两个层次的教学，第一个层次是通过聆听来感受二部轮唱中二声部所具有的层次美；第二个层次是通过第二次聆听来模唱二部轮唱结束部分存在差异的旋律，引导学生积极主动地参与其中。教师必须充分意识到，在学唱环节使学生有事可做，要比自己直接告知学生音乐旋律当中存在的不同效果更好，更容易引发学生对相关内容进行思考，从而使其更加深刻地对相关知识进行记忆。二部轮唱的主要特点是形成起伏不断、连绵不绝的模仿效果。不同声部之间既会演唱到同一个旋律，相互之间又会形成一个对比和交叉的效果，而在中小学合唱教学实践中，由于受教育者年龄较小，认知水平较低，因此实现两个声部独立完成还存在着较大困难，在具体轮唱的过程之中很容易出现齐唱的情况。鉴于此，在设计二部轮唱的教学活动时，教师应该充分发挥合唱指挥的作用，让学生关注教师的手势提醒以及二部轮唱的旋律主线条，注意自己所唱声部的进入。教师除了手势提醒之外，面部表情也应该表现出一定的提醒信息，使学生在合唱实践中能够充分感受二部轮唱的音响效果。

3. 歌唱升华

在二部轮唱演唱完成质量较高之后，音乐教师就可以将导入环节学生自己创作的火车车轮转动节奏融入演唱歌曲，以此来丰富音乐作品的音响效果，使学生更加清晰和深入地体会多声部合唱的独特魅力。这一阶段的合唱教学设计，教师需要做的主要是引导学生根据自己对于不同声部的熟悉程度来自主选择声部演唱。具体实践中可以将一些比较简单的肢体动作融入进去，来更加清楚地表达歌曲情感。作为音乐教学活动中的重要内容，合唱教学的最终目的即唱好歌曲，并将歌曲的意境和情感真实、完整地表现出来。与其他方面的音乐教学不同，合唱教学还要求在演唱过程中音色保持统一，声部保持和谐。鉴于此，如何在40分钟的音乐课堂教学中实现高质量的合唱成为当前音乐教师需要处理和解决的重要问题。一般而言，解决此问题其可以从以下几点出发。

第一，明确课堂教学目标，在开展班级合唱教学的时候切忌脱离目标。在音乐教学当中，班级合唱教学通常是在音乐常规课程中进行的，与专业的合唱团训练存在较大差别。具体来说，合唱团的训练主要是针对学生的技能开展的，而班级合唱教学主要是培养学生的演唱和合作能力，对于学生演唱技能水平的高低并不会过分关注。此外，在开展班级合唱教学的时候，教师要采取必要的措施来避免枯燥无味等情况出现，要让学生将关注点和精力始终集中在合唱上。从这一点来说，课堂教学环节设计显得极为重要，因此在选定课堂教学内容、设计具体的教学环节等方面，教师都应该亲身参与其中并且重视其作用和价值。

第二，在开展音乐常规课程教学的过程中，音乐教师应该注意引导学生养成良好的歌唱习惯。和其他形式的音乐演唱不同，合唱对于和谐共性的要求比较高，因此，想要全面提升班级合唱的总体水平，教师就必须从常规课开始培养学生的歌唱习惯，如教授学生学习正确的发声部位，了解自然呼吸状态，在变声阶段避免过度用嗓等。这些均是音乐教师需要通过音乐常规课引导学生进行掌握的，也是对学生歌唱的基本要求。简单来说，音乐教师需要采取有效手段使好的歌唱习惯成为学生的自然状态。

第三，合唱教学应该树立榜样，并将榜样的示范作用充分发挥出来。在合唱教学中，模仿是学习过程中非常好的方法之一，因此在开展具体教学活动的时候，教师应该将发音相对正确的学生立为榜样，以点带面，层层推进。虽然被立为榜样的学生也没有完全掌握合唱的相应技法，但是和其他学生相比水平是比较高的，而且学习方式相较于教师提供的手段更易于被学生接受，帮助学生进行领悟的语言常常也更加适当。与此同时，教师也应该提升自己的眼力，通过自己的眼睛及时发现音乐素养较差的学生，然后将之安置于榜样学生身边，充分发挥榜样的带动作用和学生的模仿能力，有效解决声部纵向及横向统一协调的问题。

二、合唱教学的方式与途径

（一）体态律动训练

相较于国内来说，国外的合唱出现较早，存在历史比较长，如瑞士日内瓦学院的埃米尔·雅克·达尔克罗斯教授很早便创立了一套合成音乐教学体系，主要是通过一定的手段对学生进行体态、律动以及视唱练耳等方面的训练，使其身体和音乐有机地融合到一起，从而将学生的音乐本能充分地激发出来。在整个教学活动当中，音乐教师主要是以节奏运动的手段来帮助学生在生理运动器官和思维之间建立起较为紧密的联系，从而提升学生的综合素质，推动学生身心健康全面地发展。达尔克罗斯通过一定的研究和实践认为，合成训练应当包含聆听音乐、体验音乐、分析理解音乐和实践应用四个阶段；在实际开展合唱教学活动的时候，应该引导学生树立自己的身体各个部分都是律动训练工具的意识，然后充分利用肢体动作（如拍打肩膀、拍手、身体摆动等）进行律动训练，从而更加直接、生动地体验音乐的魅力，理解音乐的内涵。

（二）选择合适的合唱曲

从当前合唱的开展和发展现状来看，很多学校为了在相关的比赛或者晚会上脱颖而出，往往会选择一些难度偏大的音乐作品，而且为了将作品的表达效果充分体现出来，学校常常会选择加强训练的强度和数量等手段。这在很大程度上严重影响了学生对合唱的兴趣和激情，甚至会损害合唱队学生的嗓子，对其身心健康产生不良影响。以中学生为例，其常常处于儿童与青少年的中间阶段，部分学生进入变声期，声音变化比较明显，因此，音乐教师在开展合唱教学的时候必须重视学生的具体情况，根据其实际情况来分配合唱角色，科学合理地开展合唱教学。例如，根据中学生的声音特点，音乐教师在开展合唱教学的时候，可以选择《乘着歌声的翅膀》等与学生生理、心理特点都比较吻合的曲目，从而引发学生的情感与思想共鸣，促使合唱教学取得更好的效果。对于中学生而言，其音准和调式感水平常常还不够高，因此教师在选择曲目的时候要尽可能地避免无伴奏合唱；受认知水平和发展特点的影响，中学生对于西方音乐的感受常常缺乏比较准确的认知，因此选择曲目的时候要尽量避免那些需要进行比较深入感悟的外国合唱作品。也就是说，在选择合唱曲目的时候，音乐教师必须根据学生的身心发展状况及合唱队的实际情况进行，如此才有利于合唱效果的提升。

（三）重视视唱练耳教学

所谓视唱练耳教学，实际上就是将理论知识和相关技术进行高度统一开展的教学活动。视唱练耳的教学活动主要是通过一定的手段将基础教学的价值和作用充分发挥出来，从而全面提升学生的音乐水平。具体来说，主要注重对学生音准、节拍、节奏及调性等各个方面的教学。

第一，音准。主要是采取有效手段针对学生的单音、音程、音阶及和弦等诸多方面进行必要的训练，使学生能够对基本的音级有一定的了解；通过听辨等手段来帮助学生深入感受音程的特征与魅力；与此同时，将单音和音程等的训练与和弦训练进行必要的融合，使学生可以更加深刻和清楚地体会和弦的色彩变化以及不同形式音乐呈现出来的情感，从而深化其对音乐的热爱。

第二，节拍。即使学生在适当的节奏和律动之中深刻感受乐曲的强弱规律。

第三，节奏。对于合唱而言，节奏是学习过程中非常重要的一个内容，在具体教学当中，教师可以通过节奏方面的小游戏来帮助学生更加生动形象地掌握相关知识，进而提升节奏感。

第四，调性。教师可以从我国民族的五声调式和西洋大小调式方面开展教学，巩固基础；还可以让学生欣赏欧洲教堂音乐、复调音乐、无伴奏合唱等，让学生从欣赏合唱作品中感受合唱艺术中音色、情绪、力度、速度、调式、和声等带来的合唱魅力。

三、以《叮铃铃》为案例的合唱教学设计

执教人：佛山市顺德区容桂小学陈燕

（一）教学内容分析

《叮铃铃》是一首具有浓郁地方风格的歌曲，曲调采用了湖南民歌的素材"6616|#5653|"作为主导动机，旋律流畅，情绪欢快、活泼，描绘了在绿草茵茵的山坡上，牧童赶着羊群发自内心地欢乐歌唱，抒发了对大自然和生活的热爱之情。歌曲为合唱曲，合唱部分采用了衬词加滑音的唱法和二声部的效果，烘托出一个交织在一起的热闹场面，从中听到了铃声、吆喝声、琴声等，表现了牧童赶着羊群悠闲自得地歌唱的情景。

歌曲中的力度记号、下滑音、倚音和变化音的加入，使原本简单的旋律线条多了很多声音效果上的变化，整部短小的作品变得更有表现力。

（二）学情分析

五年级学生对事物的认知水平与理解能力都有很大的提高，参与的意识和交流的愿望增强，获得知识和信息的途径也逐步增多，模仿能力更是有着很好的发挥。在不影响学生学习音乐兴趣的同时，进一步加强学生的音乐素养学

习，培养学生好的学习习惯是很有必要的。

（三）教学目标

1. 知识与能力目标

用轻快活泼的声音演唱歌曲《叮铃铃》，唱准歌曲中的变化音。

"＃5"唱出变化音的效果。

注意装饰音和力度记号的用法，引导学生表现出歌曲的湖南地方风格。

分组合作表现二声部，能用比较和谐统一的声音有感情地、完整地演唱歌曲。

2. 过程与方法目标

引导学生理解歌曲含义，能在自身能力范围内去演唱和展示歌曲。

通过演唱、声势律动、表演展示等多形式丰富歌曲的表现力，让学生在玩中学、玩中听，在玩中感受音乐的美感，培养学生的理解力与创造力。

3. 情感态度与价值观目标

通过学习湖南民歌《叮铃铃》，感受湖南地区的风土人情，体验牧童放牧自豪愉快的心情。

通过学习演唱湖南民歌《叮铃铃》，了解中国民歌的特点，能在以后的学习中传承与发展中国民歌。

（四）教学重点

二声部教学利用柯达伊教学手段，在有趣的情境中调动学生积极主动地参与歌唱实践活动。

（五）教学难点

（1）二声部声音的和谐、统一。

（2）装饰音及力度记号的歌唱处理。

（3）吆喝乐句的演唱。

（六）教学资源

钢琴、KT版知识点、教学课件。

（七）课型

班级合唱新授课。

（八）教学过程（表5-2-1）

表5-2-1

教学环节	教师活动	学生活动	设计意图
一、基础练习	采用柯达伊教学法，用柯尔文手势带领学生练习音程与和声，重点练习本课中的36，6i，13之间的音程关系	看教师手势，唱准相应的音高，并尝试音程的和声，练习声部的和谐与音准	通过刻意练习，巩固音高概念；让学生熟悉教师的手势语言，为后面的合唱做铺垫
二、歌声导入	1.教师演唱，学生聆听。"今天，老师带来了一首歌曲，请听老师唱一唱，看看谁记住的最多。"教师演唱《叮铃铃》第一段。活动：你听到了什么？2.对于没有完成的歌词，教师再唱第二遍。3.写完之后，教师再次演唱，看是否书写正确	仔细聆听歌曲，记内容与旋律。学生说出听到的歌词（或旋律）。 学生复听。 学生聆听，对应歌词	1.让学生集中注意力在聆听上，迅速熟悉歌曲，养成认真聆听的习惯。2.把学生听到的内容在黑板上写下来，使学生用心记忆歌词及旋律。3.用游戏的方式让学生继续有意识地聆听及记忆。 学生在多次的聆听与记忆中，对歌曲已经初步熟悉了
三、新课教学	活动一：歌曲动机学习1.歌曲中出现最多的是什么？表现的是什么？如果请你为这首歌曲命名，会是什么呢？2.出示课题：叮铃铃歌谱由哪三个音组成？（板书：3，6，i）3.有哪些音乐符号？顿音——要唱得短促，轻巧有弹性。渐强——随着音乐的进行，音量由小变大。（板书知识点：顿音、渐强）	学生思考、回答。 3，6，i。 顿音、渐强（根据演唱要求和情境引导学生更加形象地表达歌曲内容）。	叮铃铃表现羊群出现，铃铛在山谷的回声。 引出歌曲的主干音。讲解音乐符号的演唱要求。 情境引导：音乐符号在歌曲中怎样表现？你看，羊群出现了。这里几只，那里几只（顿音），越来越多了（渐强的处理）。

教学环节	教师活动	学生活动	设计意图
	4.声势伴奏（×××）。怎么用身体发出类似铃铛的声音，用作回声	学生自创（如响指、弹舌、拍手等）	培养学生发挥自主创造意识，把自己创造的声势加入歌曲中
三、新课教学	活动二：高声部吆喝学习 1.叮铃铃，叮铃铃，那是我们赶羊群，怎么赶呢？ 2.加上吆喝手势，学习无音高吆喝和有音高吆喝，对比两种吆喝，感受。 演唱方法：眉开眼笑轻轻唱，挺胸立腰往下唱，肚子发力嘴角扬，扬眉亮眼高位置。 歌曲特色学习：吆喝句加装饰音（倚音、下滑音）和渐强渐弱演唱。（板书知识点：倚音、下滑音、渐弱） 动作：一、二组向左前吆喝，三、四组向右前吆喝。挥鞭手势	学生自创（如声音、手势等方式）。 对比两种吆喝：无音高吆喝生活化，有音高吆喝艺术化	通过学生自行创造，引出吆喝声、吆喝和挥鞭手势。 利用动作、声音辅助学生学习并加强高音区的练习。 无音高吆喝先由低音再到高音吆喝，结合发声方法提高学生演唱能力
	活动三：低声部叮铃学习 你看，山脚下的羊群听到吆喝声跑过来了（范唱低声部叮铃部分）。有哪些变化？	分组进行吆喝（加装饰音和力度上的变化，更能展现牧童放牧吆喝的形象）	加上音高和手势，提出演唱要求。 情境引导：吆喝山脚的羊群（渐强），越传越远（渐弱）
	活动四：合成合唱前段 1.听听牧童的吆喝声和羊群奔跑的铃声融合的声音。各声部复习。（带手势和声势） 分组：一、二组高声部，三、四组低声部。 2.合成合唱前段（先声音合成再加入手势进行展示，注意演唱方法和情境的表现）	加入了渐强渐弱、顿音聆听合唱前段	情境引导（边说边唱）：羊群越跑越近，越跑越近（渐强），跳起来了（顿音和渐弱），感知各声部旋律合作的音响效果

教学环节	教师活动	学生活动	设计意图
三、新课教学	活动五：合成合唱后段、合唱整段 1.学习高声部：铃声、吆喝声汇集一起，山坡上的牧童忍不住唱出来。 2.学习低声部：山脚下的牧童听到，他来回应了。（哪个字比较特别）（板书："#"记号、#5特色音） 3.两个牧童自豪地一起唱起来。 4.各声部单独复习合唱整段。（带手势和声势）（引导学生将演唱方法和情境结合，加以手势来表现歌曲） 5.合成合唱整段（带手势展示，巩固和再强化）	各分组单独复习自己声部并带手势。 分组合成前段并带手势展示。 学唱高声部（带挥鞭手势）。 学谱唱词（低声部）。感受"#"记号带来特色的音响变化。 分组合成合唱后段	复习：巩固和强化歌曲练习的重要手段。 合唱时要相互聆听，你中有我，我中有你，各有不同。 手势既是辅助高声部的高音演唱，也是表现牧童放牧的动作。 特色音（升记号）#5正是湖南民歌《叮铃铃》的特色音。 复习：巩固和强化歌曲练习的重要手段
	活动六：全曲聆听并学习结尾 聆听全曲：歌曲《叮铃铃》基本由哪三个音组成？（3，6，i）主干音。 歌谱哪些地方有特殊符号？（感受升记号、装饰音的音乐处理） 再次聆听全曲：结尾有什么特别的地方？	各分组复习刚刚所学内容带手势和声势。 学生起立，进行合作展示。 3，6，i。	对所学内容进行展示表演，既巩固所学知识，也提高学生参与课堂的积极性。 在主干音上加以节奏的变化和音乐处理手法，便形成湖南民歌《叮铃铃》。 这些音乐表现手法让歌曲更富有表现力，更有中国味，更具有地方特色。

教学环节	教师活动	学生活动	设计意图
	（多次聆听感受歌曲的地方特色，并在无意识中强化之前所学内容和预学之后的单声部内容）	"#"记号、装饰音、下滑音。 稍慢，稍弱	牧童赶着羊群回家，渐行渐远，所以要稍慢、稍弱地演唱。 前奏仿佛听到清脆的铃铛声
	活动七：歌曲单声部学习，情境引导 聆听并感受歌曲的前奏音乐 学习歌曲第一、二句（节奏歌词，加以手势解决难以读准部分。以谱带词，解决音准和特色音#5的问题。）	感受前奏音乐。 按节奏朗读歌词，以声带情，以谱带词，将歌曲的画面感表现出来。	将画面感（高山、白云、小河、鱼群）读出来、唱出来。将有特殊符号的地方表现出来。 叮铃声、吆喝声和琴声画面感极为丰富，表现了牧童放牧时悠然自得的歌唱情境。
三、新课教学	讲解第三句和合唱部分的作用（第三句铃铛响起，间奏做回声。合唱部分叮铃声、吆喝声和琴声交融一起）	练习第三句	复习：巩固和强化歌曲练习的重要手段展示全曲，表现自己
	活动八：复习全曲并展示全曲 1.分组复习全曲。 （各声部单独进行，加上手势和声势来表现歌曲） 2.全体合作展示全曲。 （用演唱方法表现歌曲的音乐符号，将歌曲的画面感和情境表现出来）	分组复习全曲：一、二组高声部，三、四组低声部在歌唱中结合进行展示	

教学环节	教师活动	学生活动	设计意图
四、拓展延伸	看一看、想一想： 观看演员演唱《魅力湘西》。 民歌是我国优秀的历史文化遗产，更是全世界的艺术瑰宝。 总结民歌的特点。 （民歌具有表达人民的思想、感情、意志、要求和愿望的特点） 《辣妹子》的特点： 多元文化的交融，更是湖南民歌的传承和发展	聆听《辣妹子》，感受中国民歌在世界艺术中的地位。 提升学生喜爱中国民歌的意识	《辣妹子》的演唱者是湖南湘西的苗家妹子宋祖英，她演唱了很多中国民歌，将我国的民歌介绍给全世界。 《辣妹子》融合了湖南湘西苗族、土家族、汉族等多民族音乐的风格
板书设计	叮铃铃 ▼顿音　　　　　　　　　　　3，6，i（主干音） ——渐强　　　　倚音　　　#升记号 ——渐弱　　　　下滑音　　　#5特色音		

（九）教学评价

利用情境联想教学，对歌曲各乐句设定情境，引导学生走入歌曲，去体会歌曲的美。再对各乐句进行由浅至深、循序渐进的引导，结合多种教学手段，让学生在练习的过程中对知识的掌握更加深刻。引导学生的语言通俗易懂，要求明确，能够吸引学生听课的注意力，让学生逐步达成学习目标。在教学中，与学生有较多的互动，留白让学生创造，激发学生的思维与学习兴趣。培养学生的合作意识，在演唱合唱歌曲中能做相互聆听，你中有我，我中有你，各有不同。

第三节　合唱教学中师生素质要求

一、小学音乐班级合唱教学的现状

（一）学生音乐知识有限，合唱所需的基本功及技巧没有掌握

对于小学生而言，由于其年龄较小，认知水平非常有限，因此，无论是音乐知识的掌握还是合唱功底都明显不足，这就直接对其合唱水平产生了限制作用。具体来说，有些学生听音能力明显较弱，缺乏律动感，学习过程中无法集中精神，常常走神，合唱训练的时候也往往不听指挥，从而使得合唱中存在明显的差异；还有的学生虽然有较强的基本功，但是常常以自我为中心，无法融入集体，不顾实际情况而随意自由发挥，无法准确认识自己在歌唱中的角色和作用，致使班级合唱的整体活力无法有效激发出来，直接影响最终的合唱效果。

（二）音乐专业教师的配比和综合素质有待加强

在新课程改革深入推进的过程中，师资力量在其中起着十分关键的作用，甚至决定着课程改革是否能够获得成功，因此，只有不断强化师资力量，才能使教育水平得到有效提升。具体到音乐教学活动的开展实践，提升音乐教学的水平和质量需要音乐教师具备足够高的理论知识与教学技能。也就是说，只有音乐教师具备较高的综合素养，学生才能够学到以及顺利掌握较高的音乐技能和高水平的音乐素养。但是，从当前我国的音乐教学课程开展现状来看，在一些地区，音乐教师的重要作用并未引起足够重视，音乐教学活动之中的师资力量非常有限，一些音乐教师甚至从未接受过专业的音乐教育，且具体开展教学活动的时候仍然遵循较为落后的音乐教学理念，缺乏比较先进的教学经验，尤其是一些偏远地区，甚至还存在着其他教师兼任音乐教师的状况。这种音乐教师综合素质的差异直接导致各地区音乐教学水平的差异，给音乐教学的整体发

展带来不利影响。

（三）师生互动沟通不畅

无论是何种科目的教学活动，都需要教师和学生之间进行有效的互动与交流，如此才能使教学活动有更好的效果。合唱教学作为学校教学中的一种，必然也是符合这一规律的。不仅如此，教师和学生之间构建起较好的沟通机制，对于友好型师生关系的建构以及融洽和谐的教学环境的建构等也都是非常重要的。但是，从当前的合唱教学活动的开展现状来看，很多音乐教师没有认识到同学生互动与沟通的重要性，在具体的课堂教学活动中很少与学生进行主动交流，导致对学生的真正水平缺乏正确的了解，使得学生在班级合唱教学过程中无法准确理解教师的意图，无法准确掌握合唱的相关要求，无法准确把握作品的音调、音色以及音质、旋律等，从而导致班级合唱的水平无法有效提升，学生也很难获得较大的进步。

二、合唱对学生综合素养的要求

（一）团结协作能力

与独唱不同，合唱更加强调声音的和谐与共性，因此需要多个演唱者、多个声部互相协调和配合来完成，这就要求音乐教师在具体的合唱教学实践中教授学生学习和掌握声音之间的协调与相互配合的重要作用。在实际开展合唱活动的时候，如果每个学生都只重视自己声音的突出而忽视与其他成员声音的配合，那么呈现出来的声音必然不是优美的，甚至会给观众带来非常不好的感受。而且，合唱活动中如果有个别声音太过突出，就很容易对其他学生产生干扰，尤其是其邻近的学生，如此一来，就会导致这一过于突出的声音压制其他一些比较和谐的声音，或者导致邻近的学生无法顺利地发出声音，这样就使得此部分学生即使参与了合唱活动，但是受某一突出声音影响而缺少演唱的激情和兴趣，自然就无法演唱出协调优美的声音。鉴于此，音乐教师可以将合唱训练的成果录下来，然后播放给学生，引导其反复聆听，并将自己的合唱作品同优秀的作品进行比较，从中找出自己存在的不足和缺陷，并采取一定的手段进行改进。如此一来，学生不仅能够学习更多的理论知识，掌握更多的合唱技巧，而且可以有效纠正自己合唱过程中出现的错误演唱技巧。此外，教师也要充分发挥自己的帮扶作用，要注意提醒学生不能只关注自己的声音，还应该注意合唱队中其他成员的声音，要在不断的训练中改善自己的声音，使之能够与团队的整体声音相协调，从而养成良好的合作意识，与团队其他成员共同努力，高水准地完成合唱作品。这一过程不仅有利于学生之间团结合作能力的提升，而且有利于强化整个班级的凝聚力。

（二）爱国主义情怀

对学校教育而言，爱国主义教育是其中一项重要的内容，也是一个永远不会过时的教育课题。在实际开展爱国主义教育的过程中可以发现，其不仅内容非常丰富，而且形式多种多样，音乐教育便是其中一项非常重要的内容。在学校教育中，音乐教育不仅具有非常重要的美育作用，而且在帮助学生树立正确的价值取向和价值理念的过程中也发挥着相当重要的作用。相关研究资料表明，小学和中学阶段是学生学习爱国主义知识、接受爱国教育的最佳时期，在音乐教学活动中培养学生的爱国主义情怀更是具有非常重要的意义和优势，而作为音乐教育相当重要的组成部分，合唱更是一种对学生进行爱国主义教育很好的形式。例如，通过组织学生合唱《满江红》，能够让学生深刻感受岳飞保家卫国的壮烈情感，从而激发其爱国精神；通过组织学生合唱《黄河大合唱》，可以引导学生了解和认识中华民族争取独立解放过程中努力战斗的历史情境，从而激发学生对于革命先烈的崇敬之情；通过组织学生演唱不同民族的音乐作品，能够使学生更加广泛和深刻地感知祖国的美好河山以及不同民族独特的风土人情，从而产生对祖国的热爱之情。

（三）审美能力与文化认同感

《义务教育音乐课程标准（2011年版）》明确指出，在中小学阶段开展音乐教育最基本的理念是以音乐审美为核心，此外，还应该将之渗透和融入不同教学领域。因此，音乐教师可以通过组织和实施音乐教学活动，通过音乐表演、音乐欣赏、音乐文化学习等来培养和丰富学生的审美感知能力与情感，发展审美想象，深化学生对于审美的理解和认识，从而全面发展和提升学生的音乐审美能力。而在整个过程中，合唱是推动音乐审美教育获得成功的重要路径，其呈现出来的艺术魅力也是其他形式的音乐表演无法相比的。举例来说，在实际进行合唱教学活动时，音乐教师需要引导学生对各种形式和不同层次的优秀合唱节目与作品进行欣赏和学习，在这一过程中，学生便能够在有意或者无意之中更为深刻地感受合唱所具有的艺术魅力，从而推动其审美能力的提高。

除此以外，音乐教师在组织和引导学生进行民族合唱音乐作品的学习与训练的时候，可以将歌曲中涉及的民族风情和习俗等知识介绍给学生，加深其对中华民族文化的认识，使其更加深刻地感受传统民族优秀文化的艺术魅力，从而对我国多民族文化产生认同和强烈的自豪感。

（四）创造力

优秀、美好的音乐作品往往蕴含丰富而且较为明显的主体思维创造性。而合唱作为音乐的重要组成内容，优秀的合唱作品不仅能够将作品自身的情感和意义传递给欣赏者，而且能够以其自身具有的创造力深刻感染欣赏者，从而使其形成系列化和创造性的奇思妙想。鉴于此，音乐教师在开展合唱教学的时候，应当以学生的年龄特点为基础，引导学生依据自己的习惯和想象力来为自己演唱的作品设计一些动作，使合唱表演更具有创造性。如此一来，学生不仅能够更加深刻地感受合唱以及作品自身的艺术魅力，而且能够根据自己的特点和兴趣发散思维，展开想象，从而提升自己的创造力。

三、合唱教学中的教师素质

（一）中小学音乐教师应具备的素质

1. 思想素养

所谓思想素养，主要是指人们自身具备的思想政治素质、身心素质水平以及职业道德素质等。对于中小学音乐教师而言，思想政治素质是其必须具备的，也是必须达到的一项准则，对于教师的道德准则具有非常突出的制约作用，对教师各方面素质与能力的发挥都会产生重要影响，并且对于教学活动的质量水平与学生的培养方向具有决定性作用。职业道德素质是社会环境、条件以及需求对教师提出的一种较为特殊的道德要求，对于音乐教育来说，其是一种对于培养和提升人的创造力较为有利的教育活动，因此音乐教师的职业道德素质不仅包括具备进取精神、协作精神、坚持不懈的精神等内容，而且要具备一定的创新精神和较为严谨的治学态度。身心素质主要是指人们的身体素质、心理品质和能力等。对于一个人来说，无论其从事何种职业，都必须具有一个比较强健的体魄，这也是教师职业的一个重要前提。而作为音乐教师，除了强健的体魄之外，受音乐教育特殊性的影响，音乐教师的呼吸器官与发声器官也必须健康，四肢必须灵活且协调，听力也比较灵敏。究其原因，这些均是从事音乐表演与训练的重要物质基础。因此，对于一名音乐教师而言，其必须具备上述所有生理条件。

作为一名音乐教师，其在引导学生身心健康发展的过程中发挥着非常关键的作用，而且音乐教师的心理品质对于学生心灵产生的影响也是其他领域教育活动所无法取代的，具体来说，兴趣、情感、意志与性格是影响音乐教师教学活动能否顺利实施和达成较高质量的重要心理品质。其中，兴趣是音乐教师开展音乐教学活动的主要动力；而丰富的情感可以帮助音乐教师更加深刻和准确地理解音乐作品的思想情感并将其充分表达出来；积极、坚忍的意志在教师的音乐教育工作过程中发挥着重要的保障作用；乐观、开朗的性格在促进音乐教学工作顺利进行方面具有重要的推动价值。这些思想和素质都在音乐教师的工作开展以及专业发展中起着积极的作用。

2. 知识素养

从知识素养方面来看，音乐教师需要具备音乐教育教学素养与能力、音乐专业素养与能力以及较高的科学文化素养。从音乐教师需要具备的音乐教育教学素养与能力方面来看，主要是指音乐教师必须具备在教育教学活动中具有重要价值和作用的素质与能力，如能够引导学生从音乐作品中形成情感体验的素质与能力，能够开发学生智力、提高其思维和想象力的手段与方法。此外，音乐教师还应该具备对教学手段、模式、条件以及教学工具等进行有效创新的能力，不仅要将学生培养成欣赏者和模仿者，而且要培养其成为优秀的表演者与创造者，如此一来，学生的发散思维、联想能力和创造能力才能得到充分发展。除了上述种种，音乐教师还必须具备丰富而且先进的教育学、心理学等知识，掌握先进的教学手段和方法。但从当前音乐教师的专业发展来看，这是很多音乐教师都比较缺乏的素质。

从音乐专业素养与能力方面来看，音乐教师不仅需要提升自己的音乐技能素养，而且要从音乐史、作品协作与赏析以及音乐美学等诸多方面提升自己的专业技能，从而推动自身素质全面发展，这也能为音乐教育协同理论的有效实施打下坚实的基础。究其原因，在实施音乐教育协同理论的过程中必然会涉及数量较多的知识信息，音乐学习也会呈现出更加突出的广泛性和开放性，学习的内容也不仅仅局限于音乐技能知识，如音乐欣赏、音乐制作等其他方面也会有所涉及。因此，音乐教师必须不断提升自己的音乐知识素养，对音乐进行更加深入和深刻的思考与研究，从更多角度来认识和分析音乐教学中存在的问题，从而不断提升自己对音乐的敏感性。

（二）教师针对合唱教学应具备的素质

从当前中小学阶段合唱教学的开展情况来看，其对音乐教师提出了更高的要求。在当前社会环境中，音乐教师不仅需要有更强的组织管理能力，而且要具备更强的交往互动能力。作为一种群体性非常突出的艺术，在合唱教学与训练中，对学生进行的组织、领导、管理等诸多行为都需要音乐教师通过严密的组织工作进行保障。此外，教学活动中虽然学生的演唱水平和所处层次都存在比较明显的差异，但是在合唱过程中，内容、形式与风格都必须保持统一，这也给教师带来了较大的挑战，需要音乐教师具备较高的组织管理能力。由此可见，作为一名当代音乐教师，组织管理能力是其必须具备的一项重要素质和能力。

在合唱教学活动中，音乐教师不仅需要具备深入了解和掌握学生心理及生理等方面素质的能力，而且要具备在个体之间建立组织和联系的能力。因为不同学生之间的表现特征是存在明显差异的，所以必须将其相互之间的关系进行有效协调，如此才能真正推动合唱教学顺利完成并获得较好的效果。此外，音乐教师还应该对教学整体进行调动与必要的优化处理，如此才有利于使合唱活动具有更加强烈的表现力和凝聚力。

在开展合唱教学的过程中，音乐教师与学生的接触是非常多的，音乐教师扮演着推动学生知识学习、技能掌握和人格发展的重要参与者和引导者的角色。与此同时，为了获得更好的教学效果，其还需要与家长保持必要且有效的联系和沟通。此外，由于合唱队需要经常参与学校、社会单位或者社区等举办的文艺活动，因此音乐教师还需要进入社会环境，和各种各样的人互动交流。基于此，音乐教师必须具备较强的人际交往与互动能力。也只有具备较强的人际交往能力，与其他人的关系才会更加融洽，从而有利于合唱教学水平的提升，也有利于合唱教学工作的顺利实施。此外，在教师和学生人际关系的建立与发展的过程中，教师应该是处于主导地位的。音乐教师要转变观念，树立适应时代发展需要的正确的教育、教学态度和方法，努力形成"彼此尊重、相互信任"的理想师生关系。音乐教师与同行也应该取长补短，通力协作，处理好合作与竞争的关系。

第四节 班级合唱教学模式的构建与实践

班级合唱就是以一个班级为单位开展合唱学习的教学模式。合唱是具有丰富表现力的音乐形式，尤其是儿童合唱，更是实施音乐审美教育、培养学生音乐审美能力的重要途径。五、六年级的学生进行儿童合唱的训练，对培养他们的歌曲演唱能力，培养他们对音乐的兴趣与爱好，发掘、发展他们的表演和创造潜能，与他人沟通、融洽感情、表达情感，乃至和谐地与他人合作、形成团队精神等都具有十分重要的意义。班级合唱是学校合唱的类型之一。在小学开展班级合唱，能够普及合唱知识、提高学生的合唱能力，是对音乐教师能力的挑战与考验。

一、模式内涵

合唱教学以启发学生学习音乐的兴趣，培养学生的审美能力和表现能力为切入点，开展班级合唱，让学生有感情地歌唱，感受合唱的魅力，发展学生的听觉和音乐记忆力，提高音乐欣赏和鉴赏水平，理解和掌握各种音乐表现手段。音乐教师要发挥合唱教学的种种优势和特长，以生动形象为手段，以陶冶情操为特点，提高学生的音乐欣赏与鉴赏水平，通过合唱培养学生的集体观念和群体意识，学生的身心得到健康发展。

合唱学习也是对学生团队协作精神的良好培养，在这方面教师要给予应有的重视，不仅要让学生个人的歌唱水平得以提升，更要让学生学会服务于团队，学会与其他同学进行良好的协作，让学生具备良好的团队意识和集体荣誉感。通过这样的教学有效地塑造学生良好的性格和健全的人格，非常有效地培养学生内在良好的品质，促进学生更为全面地发展。

二、班级合唱提出的背景

班级合唱教学是音乐教育的重要部分。然而，班级合唱总是不尽如人意：很多班级出现"喊歌"的现象，多数班级只知齐唱不懂合唱，有些班级在唱合唱时，唱着唱着就变成一个声部了。出现这些现象大致有几个方面的原因：学生的音乐基础差，歌唱水平、合唱能力参差不齐。因此，让合唱走进学生的学习和生活，培养学生在集体中的合作精神和能力，促进学生的声音和心灵均衡和谐地发展，从小培养学生的合唱合作意识是义务教育阶段教师义不容辞的责任。合唱作为培养学生演唱技能以及增强集体意识和合作能力的重要手段，理应为广大教师所重视，并为之积极探索和实践。这也是音乐教育者的责任。

（一）存在的问题

1. 课程方面的问题

课程比重相对较小，受重视程度不够。音乐教学虽然在新课程改革以后受到的重视程度越来越高，其对于学生综合素质的培养效果也越来越得到认可，但即便如此，小学阶段的音乐教学所占课程的比重依然很小，合唱教学更是少之又少，容易流于形式，这严重影响了学生学习合唱和学习音乐的积极性。

2. 教材方面的问题

教材内容中缺少合唱题材。我们认为现阶段小学音乐的教材内容，合唱教学题材并不是很多，这与教师缺乏挖掘教材、拓展教学宽度的积极性有关。在最初接触合唱学习的时候，学生会表现出很高的积极性和很浓厚的兴趣，但是随着课程资源的减少，学生的学习兴趣必然受到影响，学生的学习兴趣也就渐渐消退了。

3. 教师方面的问题

（1）声乐专业的教师。声乐专业的音乐教师在班级合唱教学中非常有优势，只要有钻研精神，他们便能很好地解决学生的发声、呼吸、音色与音准问题。由于声乐教师以前在学校学的几乎都是独唱，独唱与合唱虽有相通之处，却也有太多不同之处，因此，声乐专业的教师仍然需要进行专门的儿童合唱的学习与研究。

（2）非声乐专业的教师。小学音乐教师往往来自各种不同专业，如器乐、舞蹈等，这些非专业的教师要上好班级合唱，更应该加强自身专业素养，不应被自己之前的专业所禁锢，活到老，学到老。

4. 学生方面的问题

合唱涉及的问题较为繁杂，如呼吸、发声、共鸣、咬字吐字、音准、和声音准、音响平衡与作品表现等。学得太快太难，学生难以接受；练得太多太细，学生容易疲乏，也难出效果。仅仅是基础的呼吸与音准的学习，对于大多数学生来说，也是颇有难度的。

（二）主要解决的问题

1. 提高课程比重，激发学生的学习兴趣

在进行合唱教学的过程中，教师要格外地注重对于学生学习兴趣的激发，让学生能够更为积极地参与合唱教学。同时教师也要尽力争取课程安排，提高合唱教学所占的比重。从自身来讲，也要提高对于合唱教学的重视程度，注重学生学习兴趣的激发。

2. 深度挖掘教材，适当拓宽教学宽度

教材内容缺少数量适中的合唱教学题材并不代表着教师一定要局限于此，要适当地进行教学宽度的拓展，在深度挖掘教材的基础上积极地引入课程外教学资源。一方面，课外教学资源的引入能够有效地调动学生的学习积极性，激发并维持学生学习合唱的兴趣。另一方面，课外教学资源也能够有效地拓展学生的艺术视野，让学生更好地感受音乐，体验并表现合唱。

3. 提高教师的综合素养，使音乐学习更具挑战性与趣味性

要实现班级合唱教学，首先要关注教学的组织者——教师。具有不同教育背景、来自不同专业的教师，应扬长补短，可通过阅读相关书籍、观看教学视频、外出学习、多听课、多上课、多总结反思等方法来提高班级合唱的教学能力，尽己所能。

传统的音乐教学是以学习不同的歌曲为主，学生可以各学各的，体现的是个性。而合唱教学需要的是合作能力，更具挑战性与趣味性。

（三）教学模式改革的意义

合唱教学是多声部的声乐艺术，对声音的要求很高，讲究整体声音的和谐、统一、均衡。在合唱训练中，发音的练习不是孤立的，而是与气息、共鸣等有机结合。而轻声、高位置的演唱正是训练学生音色统一行之有效的发音方法。轻声唱既可以摆脱发声器官不必要的肌肉紧张，也有利于找到声音的高位

置，使声音更集中、流畅和连贯。

在平时的训练中，教师要加入一些趣味性的发声练习，让学生始终保持正确的歌唱状态，如通过保持气息的支撑、提眉、微笑等来统一声音的位置。另外，在训练初期，教师可以多给学生演唱一些短小、有趣、轻声唱的作品来降低学习难度，增强学生的兴趣。长期坚持这样训练，会使学生的音色更加和谐统一。

三、小学中高年段班级合唱模式的具体形式

（一）参与—体验模式

小学中高年段班级合唱教学的开展过程中，很多音乐教师都习惯采用的一种模式即"参与—体验模式"，其主要包括参与表现体验、参与聆听体验以及参与创作体验等几个具体方面。实际的班级合唱教学活动开展过程中，小学各个年级都有这一模式的身影。例如，在低年级学生群体中应用此模式，主要是因为该阶段学生常常较为频繁地进行轮唱歌曲，接受简单的二声部知识教学。将这一模式应用到中年级的班级合唱教学中主要是帮助学生熟悉多声部，建构适当的和声感，使学生能够更加熟悉和声环境。而在高年级中应用这一模式主要是帮助学生更加深入地理解二声部。在进行合唱实践的过程中，如果选择的歌曲难度比较合适，那么在参与—体验模式的支持下，可以引导全部学生均参与其中，并通过具体活动让学生体验音色、音量、音准等诸方面的均衡性，从而更加深入和准确地掌握合唱的技能与方法。

（二）引导—发现模式

在教学活动中引入引导—发现模式主要是为了更加清楚地发现问题和解决问题。该模式对学生的独立性、意志力以及思维能力等的培养较为重视。其基本程序为"导入—探究—归纳—运用"。对于小学阶段的学生来说，其无论是合唱经验还是实际音乐水平都不够完善，缺乏进行独立探究的能力。基于此，音乐教师在开展教学活动的时候需要提出问题并和学生共同解决。

1. 导入问题

在实际的合唱活动中，音量、音色以及音准等问题都是教师经常遇到的。针对这一问题，音乐教师可以通过专业设备将学生的合唱方式等记录下来，或者将之与那些比较优秀的团队进行适当比较等，然后让学生认真聆听，从而发

现其中存在的缺陷和问题，进而采取适当手段进行处理和解决。

2. 探究合唱问题的解决技巧

在实际的教学活动中，教师不仅要发现其中存在的问题，更要采取必要的手段处理和解决问题，而整个探究过程实际就是一个针对发现的问题进行改正和完善的过程。在实际的探究过程中，教师和学生必须进行有效沟通，互相倾听对方的意见和建议。其中，一些学生可能会产生一些千奇百怪的想法，如有些学生在合唱活动中常常在高音部阶段受到旁边人员声音的影响而出现跑调的问题，于是便认为这一阶段中可以通过将耳朵堵住来应对问题。针对这一状况，音乐教师不应该直接进行否定，而是应该让学生根据自己的想法去试一试，让学生自己发现虽然不再受到其他人员的影响，但是会引发新的问题，从而让学生认识到这一方法是不适用的。

3. 归纳技巧与运用技巧

在实际的合唱教学活动中，演唱同一首音乐作品的时候常常会出现不同的问题，因此需要采取不同的方案和手段来解决问题。此外，一节合唱课当中存在的问题，在今后的课堂教学活动中可能会再次出现。因此，为了更好地面对和解决这些合唱教学中出现的各种问题，音乐教师必须对其进行科学合理的归纳与总结，将良好、优秀的合唱技巧和方法讲授给学生，并且推动其进行巩固和掌握。

除上述两种合唱教学模式以外，在小学中高年段开展班级合唱教学实践的时候，教师还经常会选择示范—模仿模式、分组—合作模式等其他一些比较有效的教学手段。而在具体实施的过程中，音乐教师应该以教学实际为依据和条件，进行差异化选择，要尽可能地确保各教学模式之间密切配合。

四、班级合唱教学的理论基础

作为一门较为高雅的艺术形式，合唱活动深受上广大人民群众的喜爱，并且是一种能够吸引众人积极参与其中的艺术。无论是专业化、高水准的音乐殿堂，还是工厂、校园或者部队，基本上都能够听到合唱活动中呈现出来的音乐之声。除此以外，合唱活动也是重大节日活动必不可少的一种极为重要的表演形式。针对小学中高年级学生开展合唱教学活动，不仅能够更好地帮助学生提升音乐欣赏和审美能力，而且在推动德育教育发展以及学生综合素质全面提升等方面也发挥着重要作用。

五、班级合唱教学的基本特征

所谓班级合唱教学，顾名思义，就是以班级为单位，根据相关的音乐教材，在音乐课程中对学生进行合唱训练的教学形式。科学合理的班级合唱教学，有利于推动学生高尚情操和音乐感受力的提高，而在对各种音色和音调进行有机结合以后，便可以帮助学生打开一扇行之有效地表达情感的大门。因此，为了适应新课程的要求，确保合唱教学紧跟时代和社会发展，音乐教师必须掌握一种推动合唱教学质量提高的有效手段，以便更加全面地推动学生进步与发展。

六、班级合唱的实施策略

（一）准确把握教材，科学选择曲目

在开展合唱教学的时候，想要获得良好的教学效果，必然需要选择一个适当的合唱曲目。对于小学生而言，不管是兴趣爱好还是音乐素质，都具有非常明显的独特性。因此，音乐教师在选择合唱曲目的时候，必须对学生的嗓音条件、兴趣爱好以及年龄特征等进行必要且充分的考虑，否则就很容易使教学活动获得反效果。例如，在小学低年级阶段，开展班级合唱教学主要是为了推动学生以自然而又轻松的声音进行学唱。因此，音乐教师可以将其与游戏有机结合，从而丰富课堂教学内容和形式，激发学生的学习积极性。而在小学阶段的中高年级，合唱教学对于学生的要求有所提高，这一阶段常常需要学生准确发声，并且声音位置要尽可能高。因此，音乐教师在选择合唱曲目的时候，应选择那些比较经典的音乐作品，并且要精讲精练。

（二）借助情境，激发兴趣

音乐不仅是一种情感的艺术，而且是一种抽象性非常明显的艺术。因此，在实际的音乐教学活动中，音乐教师如果能够为学生创设感情色彩浓厚的优质外部环境，那么借助音乐旋律，必然能够打动学生的心灵。例如，在教授《小白船》这一作品的时候，由于其是一首朝鲜族民歌，因此音乐教师可以通过较为舒缓的朝鲜族舞蹈来营造一个充满感情的氛围，从而拉近学生和音乐作品之间的距离，使学生对宁静且充满诗意的场景产生更加深刻的感受。然后，教师

便可以通过"摇篮"的方式正式开展教学活动，并将教学课题导入其中。在具体的合唱环节，笔者认为音乐教师可以针对"飘呀飘呀，飘向西天"进行一个比较特殊的指导，从而帮助学生更加有效地对二部合唱音准进行把握。引入适当的教学情境，可以有效避免学生只听音而不见形的"太虚"状况，不仅可以使合唱活动更具感染力，而且有利于学生想象力的提升和强化。

（三）把握曲目精神实质，确保合唱水平质的提升

对于所有的优秀音乐作品而言，它们都是存在生命力的，都是由不断跳动的音符共同组成的美好艺术。因此，在合唱教学实践活动中，音乐教师不仅需要强化对学生技术方面的指导，而且要引导学生深入理解音乐作品所包含的精神内涵。只有准确而充分地理解和把握音乐作品的内涵与情感，才能使合唱充满激情，并引发观众的情感共鸣。例如，《七子之歌——澳门》是闻一多先生创作的爱国作品，饱含了作者对七子之一——澳门早日回到母亲怀抱的殷切盼望之情。其在被改编为音乐作品之后广为传唱。在具体的音乐教学活动中，学生比较容易地掌握了作品的音调、旋律以及歌词等，但并不等于真正掌握了这首歌。因此，音乐教师在正式开展班级合唱教学的时候，可以将这一音乐作品的历史背景资料呈现在学生面前，使学生加深对它的认识和理解，然后引导学生聆听优秀合唱作品并进行跟唱，如此一来，就能够使本来空洞枯燥的合唱教学课堂变得生动且丰富，使爱国热情充斥整个课堂活动。在具体的合唱训练当中，对于带有气息支持的模唱发声主要是从"三百年来"这一句开始的，随后在"母亲啊母亲"这句当中应该引导学生对吸气进行良好处理。在第一部分的合唱训练当中，教师必须对乐句进行必要的分析和认识，要引导学生做到"一个乐句一个口气"，能够在合唱过程中均匀呼吸，从而帮助学生有感情地、完整地将第一声部演唱出来。

在这种合唱教学实践中，感情是贯穿整个课堂的一个主线，主要目的就是帮助学生更加深入地认识和理解作品的内涵与情感，形成气息是进行情感表达的一项重要工具的认知，使学生通过一个适当的音色、力度及速度等来将歌曲中的深厚情感和爱国热情充分地表达出来。

（四）合唱教学中乐器的应用

将乐器引入中小学班级合唱教学实践，对于学生识谱能力和听辨能力的培养与强化都有很大帮助。而且，在教授学生二声部合唱的相关内容时，乐器更

是可以帮助学生更加准确地掌握音程和音准等内容。例如，在教唱《月光光》这一首音乐作品的时候，音乐教师可以先引导学生利用竖笛针对《月光光》的主旋律进行视奏，然后分声部练习，之后再进行合奏，并且引导学生在合唱的时候将合奏中听到的音程、音准等充分表现出来。在合唱乐段的过程中，由于作品的第一句进入难度比较高，因此可以在学生对音程与和声进行一定的练习之后再开始合唱。教师可以通过弹奏钢琴来担任第一声部，而第二声部的"鸣"则交由学生即兴合唱。在合唱的整个过程中，需要指定的学生进行乐曲伴奏，而且教师要注意安排学生交替参与其中，从而有效提升音准效果。此外，将乐器引入合唱教学实践，也增加了齐奏、合奏、领奏等多种形式，在帮助学生提高合唱音准方面具有非常积极的推动作用。

（五）全体参与

在开展合唱活动的时候，是需要全体人员共同参与的，只有所有成员都发出声音，才能真正提升学生的合唱水平。例如，在教授学生学习《鸽子》这一合唱曲目的时候，如果只是通过教师单纯地训练二声部，很容易导致学生产生无聊、枯燥的感受，对于聆听音乐作品很难提起兴趣。鉴于此，音乐教师可以安排两组学生完成不同的任务，"有只小鸽子在窗台，咕咕咕咕叫"由第一组学生演唱，然后第二组学生模仿"咕咕咕咕"的叫声，用以伴奏，待学生完全掌握此首曲目后，再丰富演唱形式，如简单的和声、对唱、轮唱、配唱等。